Charles Coquelin

L'industrie linière en France et en Angleterre

Essai

ISBN : 978-1973929390

10 9 8 7 6 5 4 3 2 1

Charles Coquelin

L'industrie linière en France et en Angleterre

Essai

Table de Matières

Première partie

L'industrie du lin et du chanvre a subi depuis quelques années une rénovation complète, qui est devenue le signal d'une véritable révolution industrielle. Le problème de l'application de la mécanique au traitement de ces matières, problème sur lequel tant d'intelligences se sont exercées depuis un demi-siècle, a été résolu avec bonheur. Des machines ont été inventées, aussi puissantes, aussi parfaites que celles qui ont déterminé le développement inouï de la fabrication du coton, et, grâce à l'emploi de ces merveilleux instruments, le lin se travaille aujourd'hui avec une économie et une perfection dont on n'avait point d'idée. C'est ainsi que l'industrie linière est réservée à des destinées nouvelles, qui déjà commencent à se réaliser. Pendant longtemps l'usage de ses produits, s'il n'avait pas diminué, était demeuré comme stationnaire, malgré les progrès continus de la population et de la richesse, modéré qu'il était par l'invasion toujours croissante du coton ; mais aujourd'hui que cette industrie possède les mêmes éléments de puissance, elle s'avance à grands pas, et il est permis de croire qu'elle ne tardera pas à s'élever aussi haut que sa rivale. L'influence de ses progrès sera d'ailleurs plus sensible, parce que la plante qui fournit la matière première est un fruit propre à nos climats.

Toute l'Europe doit participer tôt ou tard aux bienfaits de cette révolution. Jusqu'ici pourtant l'Angleterre en a recueilli seule le bénéfice. C'est chez elle que les machines ont été, sinon inventées, au moins perfectionnées et mises en œuvre, et, par un esprit d'exclusion dont elle s'est fait une règle et que l'on blâmerait peut-être sans raison, elle s'en est réservé le monopole. Par là, elle s'est acquis dans le présent une supériorité irrésistible qui lui permet d'écraser sans effort toutes les industries rivales à l'étranger. Aussi cette révolution, qui doit être un jour si féconde, n'a-t-elle été jusqu'aujourd'hui, pour tous les pays de l'Europe, hors l'Angleterre, que la cause d'une grave perturbation.

La France en particulier en a été atteinte dans ses intérêts les plus chers. L'industrie linière, qui a toujours occupé chez elle une si grande place, et qui est entrée si avant dans les habitudes de ses populations rurales, a été menacée, ébranlée de toutes parts. Le

mal s'est fait sentir avec d'autant plus de rigueur qu'on y était moins préparé. Aussi la filature et le tissage du lin et du chanvre, ces deux sources antiques et si précieuses de travail et de richesse, désertent nos campagnes, non pour se transporter au sein de nos villes, mais pour aller grossir le domaine de l'Angleterre, où ils étaient demeurés jusqu'à présent presque inconnus. Notre culture en souffre elle-même dans une de ses branches les plus fécondes, et les pertes que l'industrie éprouve retombent sur elle de tout leur poids.

Cependant quelques tentatives ont été faites, non sans succès, pour dérober à l'Angleterre le secret de ses inventions. Malgré toute la rigueur de ses lois, ces précieuses machines ne sont pas demeurées longtemps son partage exclusif, et, grâce aux soins de quelques industriels intelligents et actifs, elles n'ont pas tardé à rompre toutes les barrières qu'une surveillance jalouse leur opposait. Déjà elles sont installées en France et en Belgique, dans quelques vastes manufactures, et à Paris même des ateliers se sont formés, où elles se construisent avec autant de perfection que de l'autre côté du détroit. Ainsi l'industrie française se renouvelle à son tour, afin de soutenir la lutte avec des armes égales, et de rendre au pays, sous une autre forme, les avantages qu'il aura perdus. Malheureusement ce travail de rénovation, mal secondé par la législation existante, n'a pas encore produit les résultats qu'on en devait attendre. Faute de quelques encouragements nécessaires, il se trouve comme arrêté dans son cours, en sorte que, dans le moment même où nous écrivons, notre industrie linière est toujours en péril, et les brèches qu'elle a reçues s'élargissent de jour en jour.

Telle est, avec ses circonstances essentielles, la crise dont nous allons essayer de retracer le tableau. Tous ces faits, que nous venons de résumer en quelques lignes, formeront un jour une des pages les plus intéressantes de l'histoire de l'industrie moderne, et n'y occuperont pas moins de place que les prodiges de l'industrie du coton, sur lesquels la statistique et l'histoire ne se lassent point de revenir. En attendant que l'histoire les reprenne, en les liant à ceux qui les suivront dans l'avenir, nous indiquerons leur succession jusqu'au moment présent.

Mais à ces faits curieux se lie, pour la plupart des peuples de l'Europe, et en particulier pour la France, une des plus hautes questions d'intérêt public que le gouvernement ou la législature ait à

8

résoudre. Il était impossible que ces peuples, atteints, dans la plus vitale de leurs industries, par l'invasion subite des produits anglais, se résignassent sans murmure à une perte si sensible. Aussi des plaintes et des réclamations se sont élevées de toutes parts, surtout en France, principal débouché des fils anglais, et dès le commencement de l'année dernière des pétitions couvertes d'innombrables signatures ont été adressées tour à tour au gouvernement et aux chambres, pour réclamer une assistance, cette fois trop légitime. Il faut le dire, ces plaintes, si bien justifiées par les circonstances, ont éveillé de bonne heure la sollicitude du pouvoir. Elles ont été, dans les mois de mai et juin 1838, l'objet d'une enquête lumineuse, qui a mis à nu les ravages du mal et démontré l'urgente nécessité d'un remède, et le gouvernement a compris dès-lors ce que la situation lui commandait. Mais il est arrivé, ce qui n'arrive que trop souvent dans des circonstances semblables, que les résistances des intérêts contraires ont d'abord suspendu l'effet de ce bon vouloir, et que les vicissitudes ministérielles sont ensuite devenues l'occasion d'un ajournement indéfini.

Cette question d'intérêt public est trop pressante pour que nous la séparions de l'exposé des faits. Ainsi, après avoir jeté un coup d'œil sur l'état antérieur de l'industrie linière, nous prendrons à son origine et nous suivrons dans sa marche la révolution qu'elle a subie. Nous essaierons de déterminer la nature et la valeur des découvertes qui ont été faites, en même temps que nous indiquerons par aperçu les progrès qui restent encore à accomplir. L'influence que ces découvertes ont exercée sur la situation respective de la France et de l'Angleterre n'échappera point à nos remarques. Nous dirons aussi ce qu'on a fait en France pour se les approprier, et à quel point ce mouvement de rénovation est arrivé parmi nous. Enfin, après avoir présenté, autant que l'espace nous l'aura permis, l'ensemble des faits qui appartiennent à l'histoire, nous nous croirons autorisé à aborder la question d'économie politique, en indiquant sommairement les mesures de conservation et de prévoyance que la situation actuelle nous semble commander.

L'industrie du lin est fort ancienne ; il y a longtemps qu'elle est connue en Europe, et il y a longtemps aussi qu'elle y occupe un rang fort distingué dans l'ordre des travaux productifs. Si haut que l'on remonte dans l'histoire des peuples modernes, on trouve des monuments qui attestent à la fois son existence et sa vigueur. C'est une de ces vieilles industries de source primitive, qui ont vécu, qui ont grandi avec les peuples de l'Europe, en suivant pas à pas tous les progrès de leur accroissement. La plante qui fournit la matière première, le lin, est, dit-on, originaire du grand plateau de la Haute-Asie, d'où elle a été transportée en Europe ; mais elle s'est naturalisée si tôt dans sa nouvelle patrie, elle y a prospéré si bien, qu'à peine imagine-t-on qu'elle y ait jamais été absolument étrangère. De bonne heure cette industrie a partagé avec celle des laines le privilège de vêtir les hommes, sans compter qu'elle répondait à un nombre infini d'usages domestiques et autres, pour lesquels les tissus de laine n'étaient pas propres. Aussi s'est-elle identifiée dès-lors à l'existence des peuples, en se mêlant à tous les accidents de la vie humaine.

Par sa nature, cette industrie n'était guère susceptible de se concentrer sur quelques points donnés. Ses produits étaient d'un usage trop immédiat, trop général, pour que chaque peuple ne s'efforçât point d'en avoir la création sous la main. On sait d'ailleurs qu'il n'y a guère de pays en Europe qui se refuse absolument à la production de la matière première, bien qu'il y ait à cet égard des inégalités fort grandes, soit pour l'abondance, soit pour la qualité. Ajoutons à cela que les procédés même de la fabrication résistaient à une concentration absolue. Ainsi la production des fils était partout l'ouvrage de fileuses isolées, répandues dans les campagnes, sans aucun rapport direct, ni entre elles, ni avec les établissements manufacturiers, et le tissage lui-même s'exécutait à la main, soit dans les campagnes, soit dans les petites villes, où la main-d'œuvre était moins chère. Ce genre de fabrication était donc disséminé partout, et partout développé dans un rapport assez constant avec les besoins locaux.

Il est pourtant vrai que certains pays étaient plus favorisés que d'autres, en cela surtout qu'ils jouissaient de l'avantage de fournir des produits d'un ordre supérieur, ce qui leur permettait de chercher des débouchés et des consommateurs au loin. Tels étaient notamment la Belgique, dès longtemps renommée pour ses belles toiles, et quelques cantons du nord et de l'ouest de la France. D'autres semblaient, au contraire, plus spécialement déshérités, soit en ce sens qu'ils ne fournissaient que des produits inférieurs,

10

soit encore en ce que la matière première ne suffisait même pas à leurs besoins. Chose remarquable ! l'Angleterre, où l'industrie du lin tend, depuis l'invention des machines, à se concentrer d'une manière exclusive, figurait autrefois parmi les pays de l'Europe les moins avantagés sous ce rapport. La matière première, d'une qualité d'ailleurs médiocre, n'y abondait pas ; et ce qui ne paraî-tra pas moins digne d'attention, c'est qu'il en est encore de même aujourd'hui, en sorte que déjà les filateurs y sont obligés de tirer une grande partie de leur matière première de l'étranger. D'où vient cette infériorité de l'agriculture anglaise dans une branche de pro-duction si étendue et si riche, lorsqu'à tant d'autres égards elle l'em-porte sur l'agriculture du continent ? De savants agronomes l'attri-buent à la nature du sol anglais, peu propre, dit-on, à la production du lin et du chanvre, et nous n'avons aucun motif pour révoquer en doute leur assertion. Toutefois nous croyons qu'on trouverait une autre explication plus naturelle du même fait dans certaines circonstances du régime économique de ce pays. Dans un temps qui n'est pas encore fort éloigné de nous, l'Angleterre était couverte de pâturages communaux, qui nourrissaient d'innombrables trou-peaux de moutons, et l'étendue du sol labourable en était diminuée d'autant. Plus récemment, les lois des céréales ont apporté un autre obstacle au développement de la culture du lin ; car, donnant aux différentes espèces de céréales une valeur factice, elles ont vrai-ment découragé, en les frappant d'un désavantage relatif, toutes les branches de l'industrie agricole qui ne jouissent pas de la même faveur. Quoi qu'il en soit, l'insuffisance de la matière première chez les Anglais, aussi bien que l'ancienne infériorité de leur indus-trie, sont des faits constants, d'où l'on peut assez raisonnablement conclure que l'Angleterre n'était pas destinée à devenir le principal siège de l'industrie linière.

Cette vérité semble même avoir été si bien comprise dans le pays, que le gouvernement ne s'y est jamais occupé que d'une manière secondaire de la fabrication des fils et des tissus de lin, sa principale attention avant été constamment tournée vers le développement de l'industrie vraiment nationale de la manufacture des laines. On trouve bien, à la vérité, dans les anciens actes publics, quelques témoignages d'intérêt pour les producteurs de toiles ; mais ce sont des actes isolés, qui n'ont pas le caractère d'une politique suivie, et

Charles Coquelin

qui prouvent seulement que l'industrie linière, féconde de sa nature, avait des racines partout.

Un acte plus décisif, qui n'appartient pas seulement au gouvernement anglais, mais à la nation elle-même, montre mieux quelle fut à cet égard sa pensée dominante, en même temps qu'il témoigne du despotisme exercé par elle sur la malheureuse Irlande. Nous laissons parler un écrivain anglais : « Vers la fin du XVIIe siècle, dit-il, la fabrication de la toile fut encouragée en Irlande par un acte d'oppression parlementaire que, de nos jours, l'opinion publique couvrirait certainement de réprobation. Alarmés des progrès que faisait en ce pays la manufacture de laines, les marchands de laine d'Angleterre sollicitèrent Guillaume III, par l'intermédiaire du parlement, de supprimer les fabriques de l'Irlande. Le roi, en réponse à leur pétition, prit l'engagement suivant : « Je ferai tout ce qui sera en mon pouvoir pour entraver le développement de l'industrie des laines en Irlande, et pour y encourager la fabrication des toiles, *afin de faire fleurir le commerce d'Angleterre.* » Et ce ne fut pas une vaine promesse : un acte du parlement interdit bientôt à l'Irlande l'exportation de ses lainages, excepté pour les ports d'Angleterre ; exception qui ne venait, du reste, aucunement au secours de l'industrie irlandaise, puisque des droits excessifs en interdisaient déjà, en quelque sorte, l'importation dans nos marchés. Par une espèce de compensation à cet acte d'injustice, on prit, à différentes époques, plusieurs mesures pour encourager, en Irlande, le commerce des toiles ; mais il est douteux que ce soit à elles que les Irlandais doivent l'état de prospérité auquel est parvenue cette industrie. L'une de ces mesures établissait, pour l'exportation des toiles, une prime qui a subsisté plus d'un siècle, et n'a été supprimée qu'en 1830 [1]. » Ainsi, une sorte de partage, partage dicté par l'égoïsme et réglé par la force, s'était fait entre l'Angleterre et l'Irlande. A l'une l'industrie des laines, à l'autre celle des toiles ; tant il est vrai que le peuple anglais ne se croyait pas appelé à exceller dans cette dernière.

Les véritables sièges de l'industrie linière étaient donc, dans les derniers siècles, la Hollande, la Belgique, et les provinces du nord et de l'ouest de la France. C'était là que la matière première abondait, et qu'on trouvait généralement les ouvriers les plus habiles. Non que ces pays aient jamais eu le monopole de ce genre de fabrication ; nous avons dit qu'elle n'était pas de nature à se concentrer à ce point : mais elle y était, grâce aux circonstances locales, plus développée que partout ailleurs, à tel point qu'elle donnait lieu à une grande exportation de ses produits. A côté de ces pays, on peut encore citer l'Irlande, où la fabrication des toiles s'accrut considérablement sur la fin du XVIIe siècle et dans le cours du siècle dernier. L'Écosse ne vient qu'après, bien que supérieure en cela à l'Angleterre, sa voisine, et ce n'est guère que vers le milieu du dernier siècle que l'industrie linière y a pris une extension réelle. Mais il semble que, dans ces deux derniers pays, la fabrication ne se soit développée que par des moyens artificiels, et sous l'influence des encouragements qu'elle a reçus. Quoi qu'en dise M. Porter, elle a dû beaucoup en Irlande aux actes de la législature. En Écosse, elle a été singulièrement excitée par l'établissement, en 1746, d'une banque (*british linen company*) spécialement destinée à la favoriser, et qui lui a rendu d'immenses services Ainsi, la production, qui n'avait été, en 1728, que de trois millions d'aunes, s'éleva, en 1759, grâce aux encouragements prodigués par cette compagnie, jusqu'à onze millions. Au contraire, en Hollande, en Belgique, et dans une partie de la France, elle n'a rien dû qu'à elle-même et au travail de la nature.

Ces rapports se sont maintenus sans altération notable jusqu'à une époque fort rapprochée de nous. « En 1824, par exemple, disent les délégués de l'industrie linière, MM. Defitte et Feray, dans une lettre adressée récemment à plusieurs journaux, l'industrie linière prospérait en France : la Belgique et l'Allemagne nous envoyaient bien une certaine quantité de leurs fils et de leurs tissus ; mais nous fournissions, du reste, entièrement le marché français et celui de nos colonies ; nous exportions dans le midi de l'Europe, en Espagne et dans les colonies espagnoles de l'Amérique du sud ; nous aurions exporté en Angleterre et dans les colonies anglaises, si le tarif de douane anglais ne nous eût opposé une barrière insurmontable. » Mais déjà, vers cette dernière époque, commençait à se produire un fait nouveau, qui ne devait pas tarder à bouleverser ces relations anciennes : c'était l'application de la mécanique à la filature et au tissage.

La mécanique est une puissance moderne. Il n'y a guère plus d'un siècle qu'elle a marqué sa place dans le monde : à peine si, dans les temps antérieurs, on trouve quelques rares empreintes de ses pas. Mais depuis que son règne a commencé, elle s'est signalée par une telle succession de prodiges, que l'imagination s'étonne en interrogeant son avenir. L'industrie ne connaît plus rien d'impossible ; elle ne voit plus d'obstacle si grand dont elle n'espère triompher un jour, depuis que la mécanique est venue seconder sa marche. Il semble que la nature elle-même soit vaincue, qu'elle doive se courber sous cette puissance nouvelle, et faire fléchir pour elle ses inflexibles lois. Un jour la mécanique gouvernera le monde ; en attendant, elle le renouvelle et l'embellit. Nous considérons à bon droit, avec une admiration mêlée de stupeur, les travaux gigantesques qu'elle a déjà semés autour de nous, et peut-être n'assistons-nous encore qu'au début de sa carrière.

Or, au nombre des merveilles dont la mécanique nous a rendus témoins, on peut justement compter les progrès accomplis dans l'industrie des tissus car, bien que des progrès de ce genre éblouissent moins les regards, parce qu'ils se consomment à l'ombre, avec moins d'éclat et de bruit, ils sont, autant que certains autres, dignes d'une admiration réfléchie, et leur influence est aussi grande sur les destinées humaines.

Mais ce n'est pas sur la fabrication du lin que la mécanique s'est exercée d'abord. Avant d'agiter et d'ébranler cet antique rameau de l'industrie européenne, elle s'était emparée de la fabrication du coton, production étrangère à nos climats, et c'est là qu'elle avait produit une de ces révolutions étonnantes qui marquent dans les fastes des nations. Comme cette révolution se lie par des rapports étroits à celle que l'industrie linière subit en ce moment, que l'une est fille de l'autre, et qu'il peut être utile de les comparer dans leurs résultats définitifs, on nous pardonnera de rappeler la première en peu de mots.

C'est dans l'Inde, dit un auteur français [2], qu'ont existé les premières fabriques de coton, et, malgré la grossièreté de leurs instruments, grâce à une rare perfection d'organes, à une patience à toute épreuve dans tous les genres de travaux qui n'exigent pas le déploiement d'une grande activité physique, les Hindous portèrent fort loin l'art de filer et de tisser le coton. » Dans le cours du Xe siècle, cette industrie fut introduite en Espagne par les Maures qui occupaient alors ce pays ; mais l'état de barbarie où le reste de l'Europe était plongé ne permit pas qu'elle se répandît immédiatement hors de la péninsule espagnole, et les recherches de M. Edward Baines n'ont pu lui faire découvrir aucune trace de la fabrication du coton dans d'autres parties de l'Europe, antérieurement au XIVe siècle. A partir de cette dernière époque, elle se répandit peu à peu en Italie, dans la Souabe et dans la Saxe, puis en Flandre, en Hollande et en Turquie ; mais, dans tous ces pays, elle ne s'éleva guère au-dessus de l'imperfection des procédés usités par les Hindous. Aussi l'Inde conserva-t-elle longtemps le privilège de pourvoir à la plus grande partie de la consommation de l'Europe. Il était réservé à l'Angleterre de l'en déposséder par une suite non interrompue de merveilleuses inventions. « En 1733, continue M. Simon, dans un petit village près de Lichtfield, un ouvrier obscur, *John Wyatt*, obtient par des moyens mécaniques le premier écheveau de fil de coton qui ne soit pas dû aux doigts d'une fileuse. Quinze ans plus tard, *Lewis Paul*, son associé, crée une première ébauche de la carde cylindrique ; puis cette double découverte demeure en quelque sorte oubliée, jusqu'à ce qu'un simple perruquier, homme d'un caractère ardent et industrieux, *Richard Arckwright*, s'en empare, la perfectionne, et dote enfin son pays du banc [3] à broche, de la carde sans fin, invention qu'il complétait plus tard par celle du *drawing* et du *roving frame*, pour l'étirage et le tordage du coton en ruban. A peu près à la même époque (1767), un pauvre ouvrier tisserand du Lancashire, *James Hargreaves*, faisait faire à la mécanique un pas encore plus audacieux en inventant sa *spenning-Jenny*, littéralement *Jeanne la fileuse* ; bientôt *Samuel Crompton*, autre ouvrier, combinant avec adresse ces deux dernières inventions, produit une machine métis, plus parfaite que les deux autres, et dont le travail délicat mettra au défi les plus adroites fileuses de l'Indostan, machine à laquelle sa double origine valut le nom de *Mule-Jeanne* ou *Mull-Jenny*. »

Enfin, toutes ces découvertes sont couronnées par l'invention de la machine à vapeur, due à l'illustre *Watt*, et qui donne aux mécaniques un moteur capable de décupler leur force productive. Ce fut en 1769 que Watt commença à fabriquer sa machine, en grand. Toutefois, ce ne fut qu'en 1785, selon M. Porter, que le premier moteur appliqué au moulin à coton fut construit par ce mécanicien, et monté à Papplewick, dans le conté de Nottingham.

Charles Coquelin

Les résultats de ces inventions ont été si souvent rapportés, qu'il serait superflu d'insister à cet égard. On sait quel immense développement elles ont donné, en Angleterre, à l'industrie si nouvelle des cotonnades, et quoique depuis lors cette industrie se soit communiquée de proche en proche à tous les pays de l'Europe, à mesure que les procédés anglais y ont été connus, l'impulsion vigoureuse qu'elle avait reçue en Angleterre ne s'est pas ralentie. Ainsi, en 1790, l'exportation en fils et tissus de coton ne se montait encore qu'à une valeur totale de 41,892,000 francs ; en 1800, elle s'élevait déjà à 136,244,000 francs, et, en 1835, elle n'allait pas à moins (valeur déclarée) de 553,300,000 francs. Si l'on ajoute à cela les valeurs consommées à l'intérieur, on comprendra que ces valeurs réunies forment un chiffre effrayant.

Mais un fait qui ne doit pas échapper à nos remarques, c'est le changement de position que ces découvertes ont opéré entre l'Inde et l'Angleterre. L'Inde, ce pays d'origine, qui avait autrefois le privilège d'approvisionner l'Europe de ses cotonnades, les reçoit de l'Angleterre à son tour. Depuis longtemps, les foulards de coton fabriqués à Glasgow ont remplacé les foulards indiens, et se vendent en grande quantité, qui le croirait ! aux Indes même et à la Chine. A Calcutta, dans cette ville qui a donné son nom au calicot, les boutiques sont garnies de calicots de fabrique anglaise ; et tout cela, quoique l'Inde ait encore aujourd'hui la matière première sous sa main, et que la main-d'œuvre y soit sept fois moins chère qu'en Angleterre tant il est vrai que la mécanique se joue de tous les obstacles, et qu'il n'est point de si étonnante transformation qu'elle ne sache accomplir.

C'est ainsi que l'invention de quelques instruments en apparence chétifs, et dont les trois quarts des hommes ignorent encore le nom, est devenue pour l'Angleterre une source inépuisable de richesses et l'un des fondements actuels de sa puissance.

De tels progrès réalisés dans l'industrie du coton éveillèrent de bonne heure l'idée et firent naître l'espoir d'en obtenir de semblables dans l'industrie du lin. A peine donc cette première révolution était-elle déterminée, que les esprits se mirent en travail pour en préparer une autre. Cependant le succès ne fut pas immédiat. Les matières premières étaient trop différentes pour que les mêmes procédés fussent applicables. En effet, le coton est une sorte de duvet léger, court, moelleux, tandis que le lin, aussi bien que le chanvre, est un filament long, nerveux et sec. Dans la fabrication du coton, l'étirage se fait en tordant : c'est le propre de la *Mull-Jenny*, qui produit dans l'étirage l'effet du tire-bouchon, et cette légère torsion qu'elle imprime à la matière soutient le ruban lorsqu'il s'allonge. Mais le lin, plus sec et moins liant, veut être étiré sans torsion, et c'est tout un autre système à établir. Il fallait, d'ailleurs, pour mettre en œuvre ce dernier, et le soumettre aux métiers à filer, lui faire subir d'importantes préparations que le coton n'exigeait point, et chacune de ces préparations était le sujet d'un problème épineux dont la solution devait longtemps se faire attendre. Aussi, à côté de l'existence toute nouvelle de sa rivale, l'industrie du lin continua-t-elle à se traîner dans ses anciens errements.

Cependant l'éveil était donné. On avait mesuré la puissance de la mécanique et compris le sens de ses applications. Cette idée seule était un germe précieux qui devait tôt ou tard porter ses fruits. On fit donc des tâtonnements, des essais. Une fermentation sourde agita le monde des fabricants, des ingénieurs et des mécaniciens ; fermentation d'autant plus féconde, qu'elle avait un objet fixe, qu'on apercevait de loin le but, et qu'on n'ignorait point la nature des obstacles. L'Angleterre ne fut pas seule à tenter la voie des découvertes : d'autres peuples la suivirent, et la France ne tarda pas à y occuper le premier rang.

Si l'on en croit M. Porter, les essais qui se succédaient, particulièrement en Angleterre, conduisirent, dès la fin du dernier siècle, à quelques résultats, d'ailleurs imparfaits. « Ce fut, dit-il [4], vers la fin du siècle dernier qu'il s'établit, dans le nord de l'Angleterre et en Écosse, des moulins à filer le lin. Jusque-là il n'en était pas un écheveau qui ne fût sorti des doigts d'une fileuse. » Mais ces premières tentatives, si tant est qu'elles aient été poussées aussi loin que M. Porter l'assure, n'étaient encore que des préludes annonçant la rénovation qui devait s'opérer beaucoup plus tard. Selon toute apparence, les établissements dont parle M. Porter ne furent jamais en état de lutter contre le filage à la main, quelque imparfait qu'il fît alors en Angleterre. Ce qui est sûr, c'est qu'ils n'eurent point d'imitateurs. Ils disparurent eux-mêmes bientôt après, soit qu'ils aient succombé sous le poids de leur infériorité propre, soit qu'ils aient été ruinés au milieu des embarras de la guerre qui mit longtemps l'Europe en feu.

A la France était vraiment réservé le rôle d'initiatrice. Napoléon, pénétré de l'importance de cette découverte, surtout pour la France où le lin et le chanvre abondent, et voulant opposer à l'industrie anglaise du coton une rivale digne d'elle, proposa un grand prix d'un million [5] pour celui qui parviendrait à filer le lin à des numéros aussi élevés qu'on était parvenu à filer le coton. Grâce à cet encouragement donné par le chef de l'état, la filature mécanique devint en France l'objet d'une préoccupation générale. De ce côté se tournèrent tous les esprits ardents et spéculatifs. On s'ingénia, on inventa, on combina. De toutes parts, des ateliers se formèrent où l'on multiplia les essais. Il est fâcheux de dire que ce mouvement généreux entraîna la ruine de bien des fortunes, et que le million offert par Napoléon en fit dévorer plusieurs ; mais au moins ce ne fut pas sans quelques fruits, car, dès cette époque, les principes furent posés, et l'on trouva la plupart des idées-mères d'où la filature mécanique devait sortir un jour.

Il y avait alors en France un homme d'un grand mérite, dont le nom doit rester attaché au souvenir de cette rénovation industrielle, parce qu'il en a été dans l'origine l'un des agents les plus actifs. C'est M. de Girard, ingénieur français, actuellement ingénieur des mines en Pologne. Des premiers, M. de Girard se lança avec ardeur dans la carrière ouverte par Napoléon : il y porta, avec un grand fonds de connaissances acquises, un esprit pénétrant, inventif, une imagination vive et féconde, et dans ce champ, où l'on marchait encore au hasard, il sut tracer plus d'un sillon lumineux. La plupart des machines actuellement en usage en Angleterre ne sont que la réalisation des idées de cet homme éminent.

Nul doute que, dès ce temps-là, presque tous les problèmes proposés n'aient été bien ou mal résolus. On était parvenu à substituer le travail des machines au travail de l'homme. La filature mécanique était donc organisée, constituée ; elle pouvait s'asseoir et accomplir son œuvre. Mais il ne suffisait pas de produire du fil par des machines, il fallait arriver à ce point de soutenir dans les établissements manufacturiers la redoutable concurrence des fileurs à la main, et là était l'écueil des inventeurs. Nous avons vu, en effet, que cette industrie du filage n'était guère exercée par les ouvriers des villes ; elle était répandue dans les campagnes, où la main d'œuvre est en général à si bas prix. C'était l'industrie des chaumières, et elle y était surtout le partage des femmes qui n'y consacraient même en général que les moments de loisir laissés par les travaux des champs. Aussi la main d'œuvre entrait-elle pour bien peu de chose dans la valeur des produits. En France, par exemple, dans les provinces les plus riches, le salaire des fileuses ne s'élevait guère à plus de 7 ou 8 sous par jour, en comptant la journée pleine. Ailleurs, il se réduisait à la moitié de cette somme, et quelquefois les fileuses, ne s'adonnant à cette occupation que dans les moments perdus, ne comptaient pas même sur une rétribution. Si l'on ajoute à cela que la matière première était à leurs pieds, et que leurs frais de transport étaient nuls, on comprendra combien il était difficile que la mécanique luttât dès son début contre de tels concurrents.

Néanmoins, quelques établissements se formèrent où les machines inventées entrèrent en fonction ; et, après 1815, le commerce et l'industrie s'étant ranimés sous l'influence de la paix, ces établissements se multiplièrent à l'envi. Nous ne dirons pas que le nombre en ait jamais été bien grand, car malheureusement la durée de leur existence n'était pas longue ; mais ils se succédaient assez rapidement. Ce qu'il y a de remarquable, c'est que, dans cette première période de la filature mécanique, elle tenta surtout les hommes étrangers à l'industrie et que leur position sociale semblait en éloigner des magistrats, des généraux, des hommes de science ou de loisir ; soit que la récompense offerte par Napoléon eût jeté sur cette industrie particulière un reflet de grandeur, soit que, dans une affaire où la mécanique promettait des miracles, on crût pouvoir se passer des connaissances et des habitudes industrielles.

La filature mécanique était donc inventée, et c'est à la France qu'en revenait l'honneur. A la vérité, ce n'était encore qu'une imparfaite et grossière ébauche : les machines fonctionnaient mal, elles se détraquaient souvent, elles ne produisaient que de gros fils, incapables de soutenir, même pour le prix, la concurrence des fils fabriqués à la main ; mais enfin le système était complet, et nul autre pays n'avait rien de semblable à produire. Malheureusement la France s'en tint à cette première ébauche, comme si le travail de l'élaboration l'eût épuisée ; ce fut alors que l'Angleterre, bien moins avancée qu'elle, vint reprendre en sous-main l'œuvre commencée, pour la pousser à son terme et en cueillir les premiers fruits.

En 1824 vint en France un Anglais, alors obscur, et que rien ne recommandait encore à l'attention des hommes, ni sa fortune, ni ses travaux : c'était M. Marshall, dont le nom ne se prononce aujourd'hui qu'avec une sorte de respect parmi ceux qui s'occupent de l'industrie du lin. M. Marshall alla visiter nos établissements, nos ateliers, et trouva partout les portes ouvertes ; il s'enquit de tous les procédés usités, recueillit toutes les idées, toutes les données éparses. Tout ce que la France avait produit jusqu'alors, ces procédés si laborieusement conçus, si chèrement payés, ces machines, fruits de tant de pénibles travaux et de si dures épreuves, il s'appropria tout cela d'un seul coup, et bientôt, muni de ce précieux bagage, il alla fonder à Leeds, dans le nord de l'Angleterre, un établissement qui prospéra. Quelques personnes, d'ailleurs bien instruites, ne font pas remonter au-delà de cette époque l'origine de la filature mécanique du lin ; elles ont raison, si elles ne considèrent dans cette industrie nouvelle que ses résultats financiers. C'est alors, en effet, que la filature mécanique est sortie de l'ordre des essais improductifs ; qu'elle s'est assise, consolidée ; qu'elle a acquis une valeur industrielle. Mais ces personnes se trompent, si elles prétendent attribuer à l'Angleterre le mérite de la découverte ; toutes les machines qui font la base du système anglais étaient en usage en France avant 1824, et l'on peut s'en convaincre aujourd'hui même, car il existe encore quelques établissements où elles fonctionnent tant bien que mal dans leur ancien état. Elles étaient sans doute encore bien imparfaites ; mais, à peu de chose près, le travail de l'invention y était accompli. Qu'a donc fait l'Angleterre ? Elle a perfectionné, et voilà tout : c'est beaucoup, comme travail d'art ; c'est tout, au point de vue industriel ; mais il ne faut pas oublier pour cela les travaux, bien autrement pénibles, et peut-être aussi plus méritants, des premiers inventeurs, qui ont frayé la route où les autres ont marché. Sans nier le mérite de ceux qui ont su perfectionner et féconder, il faut rendre aux initiateurs l'honneur qui leur est dû, et d'autant mieux que cet honneur est trop souvent le seul avantage qui leur revienne. Quoi qu'il en soit, l'établissement fondé par M. Marshall, en 1824, est le premier où le problème de la filature mécanique ait été finalement résolu ; on peut le considérer comme la pépinière de tous les établissements du même genre qui peuplent aujourd'hui les trois royaumes.

A partir de ce moment, l'Angleterre acquit sur nous une supério-rité marquée ; le système s'y perfectionna de jour en jour, pendant qu'il demeurait à peu près stationnaire en France. On marcha de progrès en progrès, avec une rapidité sans égale, au point que, six ou sept ans plus tard, ces machines, auparavant si grossières, pou-vaient défier tous les parallèles. Leur mécanisme était simplifié, et leur puissance étendue. Elles produisaient déjà des numéros élevés et à des prix considérablement réduits ; elles surpassaient, par la régularité du travail, sinon par la finesse, la fabrication à la main, en même temps qu'elles tiraient un bien autre parti de la matière première. Aussi, après avoir pourvu à toute la consommation de la Grande-Bretagne, elles commencèrent, en 1830, à répandre leurs produits à l'étranger.

Ici une réflexion se présente. C'est en France, et par des mains françaises, que le système de la filature mécanique a été préparé, élaboré, formé ; c'est en Angleterre, et au profit des Anglais, qu'il est devenu, à l'aide de perfectionnements successifs, un fait industriel puissant. Pourquoi toujours cet étrange partage entre l'Angleterre et la France ? car ce n'est pas dans un cas seulement qu'un pareil phénomène a été observé. Partout, d'ailleurs, l'Angleterre triomphe dans la mécanique, soit qu'elle ait inventé elle-même, soit qu'elle ait repris les inventions des autres pour les perfectionner. Pourquoi donc cette supériorité constante ? Le fait est d'un assez haut intérêt pour qu'on s'applique à en rechercher la cause.

Quelques personnes l'expliquent par le génie différent des deux nations. Le Français, dit-on, invente, et l'Anglais perfectionne ; et par ces seuls mots on croit avoir rendu compte de tout. En fait, rien de plus vrai que cette observation ; mais elle n'explique rien, et la question reste entière.

Si l'on en croit les délégués de l'industrie linière, MM. Defitte et Feray, l'Angleterre ne doit qu'à ses lois prohibitives la supériorité qu'elle s'est acquise dans le cas particulier dont il s'agit. C'est parce que ses filateurs ont été protégés contre l'importation étrangère par des droits prohibitifs, qu'ils ont pu consolider, perfectionner leur œuvre. C'est là ce qui a fait tourner vers leur industrie les capitaux, et qui leur a permis de se lancer avec vigueur dans la

Charles Coquelin

voie des découvertes. Peut-être est-il vrai que l'industrie de la filature mécanique devait, selon l'ordre naturel des choses, s'exercer d'abord et se perfectionner dans un pays plus mal partagé que tous les autres quant à la production des fils à la main, et qui fut d'ailleurs protégé contre l'importation étrangère par des droits presque prohibitifs. Telle était l'Angleterre. C'est là que les établissements naissants pouvaient, avec moins d'effort, prendre possession de la durée, et cette durée était une condition nécessaire du perfectionnement des moyens ; car quelle apparence de pouvoir suivre un progrès dans des établissements qui se renouvellent sans cesse, et qui ne naissent que pour mourir ? Cependant, à partir de 1824, il y a eu en France des filatures qui, tant bien que mal, ont subsisté. Elles sont même parvenues, après 1830, à réaliser de raisonnables bénéfices, et ne sont mortes que lorsque, plus tard, l'importation anglaise est venue les écraser. Pourquoi donc sont-elles demeurées stationnaires ? Qui les empêchait alors de marcher du même pas que leurs rivales ? Il nous semble que la cause de leur allanguissement est ailleurs. Au reste, ce n'est pas dans ce cas seulement que l'Angleterre s'est rendue supérieure quant au perfectionnement des procédés mécaniques, et la raison alléguée par MM. Defitte et Feray ne saurait évidemment s'appliquer à tout.

On peut dire avec quelque vérité que la situation économique de l'Angleterre réunit toutes les circonstances propres à favoriser le développement de la mécanique. La main d'œuvre y est très chère, et les capitaux y abondent : double motif pour remplacer le travail de l'homme par le travail des machines ; car la première circonstance en fait naître la pensée, et la seconde en fournit les moyens. Ajoutez à cela que le fer et le charbon y sont très abondants et à très bas prix ; ce qui rend l'emploi des machines à tous égards plus avantageux qu'ailleurs. Cependant ne suffit-il pas que d'autres peuples aussi aient intérêt à s'en servir, et dans certains cas cet intérêt n'est pas douteux, pour qu'ils sachent aussi bien que les Anglais les inventer et les perfectionner ? Et quand il leur arrive par hasard, comme à la France, de s'engager les premiers dans cette voie et de s'y porter avec ardeur, quel motif alors peut les empêcher d'y faire les mêmes progrès ?

Sans méconnaître la valeur des explications que nous venons de rappeler, qu'il nous soit permis d'en présenter une autre. Nous la trouvons tout simplement dans cette loi anglaise qui défend l'exportation des machines : loi propre à l'Angleterre, et que nul autre peuple, à ce qu'il nous semble, n'a imitée jusqu'à présent. En France, on ne s'est guère occupé de cette loi que pour en faire l'objet de critiques banales ou d'amères récriminations. On la taxe d'impuissance, en même temps qu'on la relève comme un acte d'égoïsme national. Il semble que par là l'Angleterre s'isole des autres peuples ; bien mieux, qu'elle leur fasse tort, en réservant pour elle seule ce qui devrait appartenir à tous. A sa conduite on oppose avec orgueil la conduite généreuse de la France, qui jette libéralement à la tête des étrangers toutes les découvertes faites dans son sein. Reproches injustes ! glorification puérile et fausse !

Qu'un peuple ait le droit de se ménager, par tous les moyens qui sont en son pouvoir, l'exploitation exclusive des procédés qu'il a inventés ou perfectionnés, cela ne peut faire l'objet d'un doute sérieux. Il ne fait en cela qu'user des avantages qu'il a conquis par son travail, et qui peuvent, en certains cas, lui avoir coûté fort cher. On trouve fort naturel qu'un homme, un particulier, en possession d'une découverte fruit de ses sacrifices et de ses veilles, prétende en jouir, au moins pendant un certain temps, même à l'exclusion des autres Pourquoi donc ne reconnaîtrait-on pas les mêmes droits à tout un peuple ? En abandonnant ces droits, un peuple se trahit lui-même ; il se dépouille sans raison d'un moyen de fortune noblement acquis.

C'est bien à tort que l'on confond cette loi relative à l'exportation des machines, avec la foule des lois restrictives qui forment ce qu'on appelle le système protecteur. Elle ne ressemble à celles-ci que dans la forme ou dans les moyens d'exécution : elle en diffère essentiellement quant au caractère et aux effets. Elle procède d'un tout autre principe, et se lie moins au système des douanes, tel qu'on le conçoit ailleurs, qu'au système des brevets d'invention. Qu'est-ce qu'un brevet d'invention ? C'est la reconnaissance, en faveur d'un inventeur, du privilège particulier d'exploiter son invention, sous la sanction de l'autorité publique. Eh bien ! la défense d'exporter les machines n'est autre chose que le même privilège étendu, communiqué à tout un peuple. Seulement, le mode de sanction diffère ; car, comme une nation n'a pas d'autorité pour défendre aux autres de se servir de ses machines, elle est obligée de procéder par mesure de douane, c'est-à-dire en défendant l'exportation. Si le principe est juste en lui-même, et dans son application à des particuliers, pourquoi son extension à tout un peuple ne le serait-elle pas ? Elle est même dans bien des cas mieux entendue et plus saine ; car il est rare qu'une découverte de quelque importance soit le fait d'un seul homme, et cela est surtout vrai d'un ensemble de découvertes se rapportant au même objet. Ce sont là des œuvres collectives, auxquelles de près ou de loin un grand nombre de nationaux concourent : il est donc naturel et juste d'en faire un privilège commun à la nation entière.

Si, par rapport à elle-même, une nation ne fait qu'user d'un droit en défendant l'exportation de ses machines, ce droit se change pour elle en devoir vis-à-vis des individus plus directement intéressés. Supposons que, dans ces dernières, années, lorsque les nouvelles machines propres à filer le lin étaient encore inconnues hors de l'Angleterre, le gouvernement anglais en eût autorisé la libre exportation, n'est-il pas clair qu'il eût violé le droit acquis de tant d'hommes qui avaient engagé là leurs capitaux, leur travail ou leurs talents ? Il les eût dépouillés d'un avantage chèrement acheté ; il se fût montré généreux à leurs dépens. Voilà pourtant ce que la France a fait et ce qu'elle fait encore, et voilà ce qu'on décore du beau nom de libéralité ! Ne soyons pas si fers : cette prétendue libéralité n'est rien qu'un oubli coupable des intérêts nationaux, ou une révoltante iniquité.

En toute raison et en toute justice, l'exportation des machines propres à un pays ne devrait être permise que pour les inventeurs ; mais quand il s'agit de former tout un système de machines se rapportant au même objet, comme il l'a fallu, par exemple, pour la filature du lin ou du coton, il n'y a plus, à le bien prendre, d'inventeurs particuliers, car trop d'hommes ont participé à ce travail de l'invention, et la part de chacun se confond dans l'ensemble. Ce système devient donc une propriété collective et nationale, qu'il n'appartient à aucun individu d'aliéner. C'est pourquoi l'exportation doit être alors indistinctement défendue pour tous.

Lors même qu'un particulier peut s'attribuer à lui seul l'invention d'une machine, encore ne doit-il être autorisé à l'exporter qu'autant qu'il renonce exercer dans le pays le privilège de l'inventeur ; autrement il place les nationaux dans une position trop défavorable vis-à-vis des étrangers. En effet, sa découverte pouvant alors être exploitée au dehors librement par le premier venu, tandis qu'au dedans elle reste assujettie à un privilège onéreux, tout l'avantage est du côté des étrangers contre les nationaux. Voilà ce qui arrive, en effet, tous les jours par rapport à la France. Nous voyons nos découvertes passer à l'étranger et s'y populariser avant que nous ayons pu nous en servir nous-mêmes. Les Anglais en tirent parti avant nous et contre nous : ils s'en font des armes pour nous combattre ; ils s'enrichissent par elles à nos dépens. C'est ainsi que, grâce à l'imprévoyance des lois, les travaux d'invention dont le pays s'honore tournent contre lui.

De bonne heure l'Angleterre a compris la justesse de ces principes ; peut-être même en a-t-elle quelquefois poussé trop loin l'application. En 1696, un premier bill défendit l'exportation du métier à bas ; un demi-siècle après, cette prohibition fut appliquée aux machines propres à la manufacture des soieries et des lainages, machines alors bien imparfaites. En 1774, un nouvel acte du parlement prohiba l'exportation de certains outils propres à la manufacture du coton. Depuis lors ce système s'étendit de proche en proche et descendit bientôt jusqu'aux objets de la moindre importance, tels que matrices d'estampage pour boutons de corne, etc., etc. Certes, l'Angleterre eût pu s'arrêter plus tôt dans cette voie ; elle n'aurait pas dû surtout confondre les hommes avec les machines, et défendre, comme elle l'a fait pendant un certain temps, la sortie même des ouvriers. Peut-être aussi eût-elle dû borner chaque fois la durée du privilège qu'elle se donnait, en permettant la sortie de ses machines après quelques années de jouissance, ne fût-ce que pour ouvrir des débouchés aux établissements qui les confectionnaient. Mais enfin le principe était salutaire, et nous n'hésitons pas à dire que son adoption a été le principal fondement de la supériorité si générale et si manifeste que l'Angleterre s'est acquise en ce genre.

Ni les individus ni les peuples n'aiment à se donner une peine dont ils ne recevront pas le salaire. Personne ne travaille avec ardeur pour le prochain, et nul ne s'ingénie à faire des découvertes dont il ne doit pas recueillir le fruit. C'est parce qu'on a compris cette vérité qu'on a admis dans les lois le principe des brevets d'invention. Nous voulons bien qu'on ait été guidé en cela par un sentiment de justice, car il était juste que l'auteur d'une découverte

Charles Coquelin

en jouît le premier ; mais on s'est dit en même temps, et avec raison, que le privilège temporaire que l'on consacrait était un stimulant nécessaire pour les inventeurs. Supprimez le privilège, et vous supprimez le travail même de l'invention. On l'a compris, et voilà comment on a cru servir, l'intérêt général par l'établissement d'un privilège particulier. Pourquoi faut-il qu'on se soit arrêté là, et qu'on n'ait pas su faire aux peuples même l'application d'une vérité si simple. Il fallait se dire que les découvertes purement individuelles ont rarement une grande portée ; elles n'acquièrent de valeur qu'autant qu'elles s'associent à d'autres qui les secondent et les complètent ; souvent même, en sortant des mains de leurs auteurs, elles ne sont encore que des ébauches, qui ont besoin d'être achevées par des perfectionnements successifs. N'attendez rien de grand d'un travail isolé. Pour enfanter quelque chose de large, de complet et d'achevé, il faut un travail commun et solidaire, une élaboration générale et collective. Or, puisqu'on avait reconnu que les privilèges individuels garantis par les brevets d'invention étaient nécessaires pour provoquer des découvertes individuelles, n'était-il pas naturel de penser que des privilèges collectifs seraient nécessaires aussi pour provoquer des découvertes collectives ?

Veut-on savoir maintenant pourquoi les Français inventent tandis que les Anglais inventent et perfectionnent ? c'est qu'en France, où la loi n'établit point de privilège collectif ou national, mais seulement des privilèges individuels, les inventeurs procèdent isolément, chacun pour soi, nul n'ayant intérêt à seconder les travaux des autres ; tandis qu'en Angleterre, où le privilège national est garanti, il s'établit entre tous les hommes engagés dans la même voie une solidarité féconde.

Qu'importe au fabricant français qu'on invente dans son pays quelque procédé nouveau, ou qu'on perfectionne un procédé ancien applicable à l'industrie particulière dont il s'occupe ? C'est tout au plus s'il sera disposé à s'en réjouir. Si le procédé reste secret et s'applique avec mystère dans l'établissement de l'inventeur, ce sera tout simplement pour lui, qui ne jouira pas du même avantage, une dangereuse concurrence de plus. Si le procédé se divulgue, il pourra s'en servir à la vérité, mais tous ses confrères feront de même, et non-seulement eux, mais encore tous ses rivaux, tous ses concurrents à l'étranger. Peut-être l'impulsion générale que cette découverte pourra donner à son industrie favorisera-t-elle pour un moment ses intérêts ; mais ce sera toujours un avantage partagé, bien peu sensible, quelquefois même hypothétique, et qui compensera tout au plus à ses yeux la dépense certaine que lui occasionnera le renouvellement de ses instruments. Que si par hasard la découverte qu'on vient de faire est importante, si elle doit apporter un grand perfectionnement, une grande économie dans la confection des produits, et que l'inventeur juge en conséquence devoir s'en assurer le privilège à l'aide d'un brevet d'invention, loin de se réjouir d'un pareil fait, notre fabricant devra trembler ; car, outre ce dangereux rival qui s'élève au dedans, il peut en voir surgir mille autres au dehors, puisque ce procédé nouveau, dont l'usage lui est interdit par la vertu du brevet, peut dès demain s'installer sans obstacle dans toutes les fabriques étrangères. Le progrès tournera donc contre lui, et il sera bien heureux s'il y résiste. C'est ainsi qu'une découverte faite en France peut devenir pour l'industrie française une cause de ruine. Ne voit-on pas ici tout ce qu'il y a de monstrueux dans une législation qui consacre le privilège au dedans sans le garantir au dehors ? L'industriel français a donc trop de raisons de se soucier peu du progrès général des inventions dans son pays. Elles n'ont d'intérêt et de valeur pour lui qu'autant qu'il en est lui-même l'auteur, ou qu'il peut s'en assurer la possession exclusive. Voilà pourquoi chacun se retire en lui-même et s'isole. Les découvertes sont alors presque toujours des œuvres individuelles, et c'est pour cette raison qu'elles restent en chemin. Elles peuvent bien être tour à tour reprises par des individus différents, de manière à être poussées un peu au-delà de la première idée, de la première ébauche ; mais il est impossible qu'elles deviennent l'objet d'un concours actif, d'un travail commun, d'une élaboration large et sympathique : jamais d'ensemble dans les mouvements, ni de communauté dans les efforts ; jamais, de la part des fabricants, cette sollicitude générale qui anime les inventeurs, ni cette surveillance attentive qui les soutient et les redresse ; rien enfin de ce qui peut conduire progressivement à un système complet et achevé.

Il n'en est pas de même en Angleterre. Là, chacun fait son affaire propre du perfectionnement général des procédés. Qu'importe qu'une découverte soit tenue secrète par son auteur ; le fabricant anglais sait bien qu'elle se divulguera tôt ou tard, et que, grâce à la loi de non-exportation, il en jouira toujours avant les étrangers. Lors même que l'inventeur se réserve le privilège de son invention au moyen d'un brevet, n'a-t-on pas toujours la chance de s'entendre avec lui à l'aide de quelques sacrifices ? et c'est encore un avantage que l'étranger n'a pas. Quant aux perfectionnements de détail, qui se font pour la plupart dans les ateliers de construction, qui ne restent jamais secrets pour les fabricants, puisque leurs auteurs même sont intéressés à les leur faire connaître, et dont chacun a trop peu d'importance pour devenir l'occasion de la délivrance d'un brevet, ils deviennent tout aussitôt le privilège commun de l'industrie anglaise. Par eux, cette industrie grandit et s'élève en masse, dans son ensemble ; l'égalité est maintenue au dedans, et l'on se rend maître au dehors. Or, ces perfectionnements de détail sont incomparablement les plus nombreux, et, à vrai dire, c'est par eux, bien plus que par des inventions toutes faites, qu'un vaste système arrive à sa maturité. Chacun a donc tout à gagner et rien à perdre dans les inventions des autres. De là vient que tout le monde s'intéresse au progrès, de quelque part qu'il vienne. Le perfectionnement des découvertes devient une affaire commune à tous, et chacun y concourt de son mieux ; chacun apporte sa pierre à l'édifice ; chacun donne son coup de truelle, de lime ou de rabot ; et ceux même qui ne concourent pas à l'accomplissement de la tâche, ou par leurs travaux, ou par leurs idées, ou par leurs capitaux, applaudissent au moins du geste et de la voix pour encourager les autres. Faut-il s'étonner que, dans une position semblable et avec ce vaste ensemble de moyens, les Anglais sachent pousser si loin ces mêmes découvertes, ces mêmes procédés, que nous leur transmettons toujours dans un état informe

On se tromperait si l'on ne voyait en ceci qu'une question de rivalité nationale. Outre que la question de justice s'y mêle, on peut dire, et ce n'est pas un paradoxe, que l'intérêt général de l'industrie européenne demande que chaque peuple adopte pour son compte la loi de non-exportation des machines. C'est parce qu'elle a suivi cette ligne de conduite, que l'Angleterre a inventé ont perfectionné tant et de si beaux systèmes, à son profit d'abord, et, en fin de compte, au profit de toute l'Europe, tandis que les autres pays n'ont guère produit que des découvertes sans portée. Que l'on dise après cela si l'Angleterre, avec cet esprit d'exclusion qu'on lui reproche, n'a pas mieux servi la cause du progrès général, que la France, avec toute cette libéralité dont elle se vante.

Quand on considère tout ce que la mécanique a fait depuis un siècle, les merveilles qu'elle a enfantées chez nos voisins, l'irrésistible supériorité qu'elle leur a donnée sur tous les autres peuples, les richesses dont elle a été pour eux l'intarissable source, on est presque tenté de dire que c'est cette loi si simple sur la non-exportation des machines qui a fait l'Angleterre ce qu'elle est, et l'on s'indigne que les peuples du continent, la France surtout, qui ont emprunté à l'Angleterre tant de choses, n'aient pas su lui emprunter une disposition si féconde, et en même temps si naturelle et si logique.

On prétend cependant que la prohibition qu'elle porte est illusoire, et ce sont des écrivains anglais, d'ailleurs fort instruits, qui mettent en avant cette assertion. « La prohibition dont il s'agit, dit M. Porter [6], n'est qu'illusoire, et jamais il n'a été possible d'empêcher complètement l'exportation des machines. Rien de plus facile, en effet, que de transmettre le dessin et la description détaillée d'un métier quelconque, et le premier mécanicien venu pourra certainement, sur ces plans, établir une machine qui suppléera, en partie au moins, à celle dont l'inventeur eût lui-même surveillé la construction. Il serait certainement absurde de prétendre que l'Angleterre puisse conserver éternellement la possession exclusive de ses machines. Malgré toutes les précautions qu'elle prend, il doit arriver qu'on les lui dérobe tôt ou tard, et l'expérience le prouve. C'est par là qu'elle sert en définitive l'intérêt général de l'Europe sans le vouloir. Mais cette exportation est loin d'être aussi facile que M. Porter l'assure. Non, il ne suffit pas de transmettre le dessin et la description détaillée d'un métier quelconque, et ce n'est pas le fait du premier mécanicien venu de le rétablir, avec ces seuls éléments, de manière à ce qu'il remplace, *en partie du moins*, celui de l'inventeur. Ces dessins même ne sont pas toujours si faciles à obtenir, surtout dans les premiers temps, lorsque les constructeurs peuvent à peine satisfaire aux demandes des fabricants nationaux. Ajoutons qu'un *à peu près* ne suffit pas pour des machines qui demandent ordinairement une précision si rigoureuse, comme, par exemple, celles qui servent à la filature du lin. Mais, sans entrer à cet égard dans des discussions inutiles, consultons les faits.

Charles Coquelin

Il est vrai que toujours les peuples du continent sont parvenus à dérober aux Anglais leurs machines ; mais quand ? Sept, huit, dix ans et plus après que les fabricants anglais avaient commencé à en jouir. Voilà ce qui arrive, par exemple, dans le cas particulier de la filature du lin. Longtemps avant 1830, la filature anglaise prospérait, grâce à ses machines, et s'élevait au-dessus de toutes les industries rivales, et ce n'est que dans ces derniers temps que ces mêmes machines ont été transportées en France. Il y a bien eu quelques exportations partielles dès l'année 1834 ; mais, à le bien prendre, c'est d'hier seulement que la France s'en est réellement mise en possession, et encore à titre bien onéreux. Rien n'a été négligé pourtant de ce côté-ci du détroit, et l'on peut dire que la France a fait ce qui était faisable : l'exportation des métiers propres à filer le coton n'avait pas été à beaucoup près si prompte. Mais n'est-ce donc rien pour l'industrie d'un pays d'avoir dix années d'avance sur toutes les autres ? C'est pendant ces dix années que l'industrie anglaise, s'est ouvert des débouchés à l'extérieur, qu'elle s'est créé des relations dans tous les pays non productifs de lin, qu'elle y a supplanté les industries française et belge, et qu'ensuite elle est venue ébranler ces industries jusque sur leur propre territoire : c'est pendant ces dix années que d'immenses fortunes se sont faites dans la fabrique anglaise, fortunes dont quelques-unes s'élèvent, dit-on, nous hésitons à reproduire les chiffres, tant ils paraissent fabuleux, à 70 ou 80 millions. C'est dans le même temps que les ouvriers se sont formés, que les fabriques se sont établies sur une immense échelle, qu'elles ont grossi leur matériel de manière à suffire à tous les besoins variés de la fabrication, en un mot que l'industrie s'est affermie sur sa base, en même temps qu'elle étendait ses bras au loin ; et quand enfin, après ces dix années précieuses, les fabricants français et belges viennent à se rendre maîtres des machines, c'est avec de faibles moyens, des ressources épuisées, des connaissances imparfaites et des ouvriers mal habiles, qu'ils ont à lutter contre un tel colosse. Il, n'est plus question pour eux de recouvrer les débouchés extérieurs qu'ils ont perdus. Tout ce qu'ils peuvent faire, c'est de reconquérir leur propre marché, et encore n'y parviendront-ils qu'avec l'assistance de la législature. Ajoutons à cela que, le progrès continuant toujours et les mêmes causes agissant de part et d'autre, rien n'empêche que l'Angleterre ne conserve éternellement, la su-

périorité qu'elle s'est acquise. Certes, une disposition qui produit
de tels effets a bien son importance : il n'y a rien de moins illusoire
que tout cela.

Ce n'est pas des Français seulement qu'on peut dire qu'ils inventent pour que les Anglais perfectionnent et appliquent. Tous
les peuples en sont là, et rien ne montre plus clairement ce qui leur
manque à tous. Parmi les innombrables inventions dont l'Angleterre a su tirer un si grand parti, il en est peu dont la première idée
lui appartienne. Elles sont d'origines bien diverses. Les unes sont
venues de l'Espagne, d'autres de la Belgique, de la Hollande, de l'Allemagne, quelques-unes même de l'Amérique [7]. Tous les peuples
ont payé leur tribut à cet heureux pays. Or, la plupart de ces découvertes sont arrivées en Angleterre à l'état d'idées ingénieuses, mais
sans application, ou dépourvues des accessoires nécessaires à leur
mise en œuvre : c'est en Angleterre qu'elles ont acquis, en se perfectionnant, une valeur, positive. Nous croyons fermement qu'il en
sera toujours ainsi, et que nul autre peuple ne saura féconder ses
inventions, tant qu'il n'aura pas adopté la politique anglaise.

L'exemple qu'on peut nous opposer de la fabrication du sucre de
betterave, qui s'est perfectionnée si vite et d'une manière si remarquable en France, cet exemple, qui est peut-être unique dans notre
histoire industrielle, loin d'ébranler notre assertion, lui donne un
singulier appui. L'industrie du sucre indigène n'a pas été, plus que
les autres, protégée par la loi contre l'exportation de ses procédés ;
mais des circonstances tout-à-fait particulières ont suppléé pour
elle à cette lacune. Ce n'était pas contre les industries des autres
pays de l'Europe qu'elle avait à lutter, mais contre l'industrie coloniale. Or, les colons, ne tirant pas le sucre de la même plante
que les fabricants de la métropole, ne pouvaient en aucun sens se
servir des mêmes procédés. Toutes les découvertes faites en France
étaient donc sans application pour eux et demeuraient forcément
le privilège commun des fabricants français. A le bien prendre,
ceci rentre dans le cas de la non-exportation des machines. Une
seule fois donc, et grâce à des circonstances exceptionnelles, les
fabricants français se trouvèrent dans une position semblable à
celle que la loi anglaise crée pour les fabricants anglais ; cette fois
aussi ils imitèrent leur conduite, et malgré les tracas auxquels leur
industrie fut constamment en butte, et la perpétuelle incertitude

Charles Coquelin

de leur avenir, ils obtinrent des résultats équivalents. Que l'on réfléchisse sur cet exemple, qu'on veuille bien le rapprocher des observations qui précèdent, et qu'on nous dise ensuite s'il ne tranche pas la question d'une manière souveraine et décisive.

Cette digression, que nous n'avons pas cru étrangère à notre sujet, nous a conduit un peu loin. Hâtons-nous de reprendre notre récit.

C'est en 1831 ou 1832 que le système de la filature mécanique du lin est arrivé en Angleterre à son point de maturité. Dès les années précédentes, il avait déjà produit de beaux résultats, et dans la suite il s'est encore perfectionné dans les parties accessoires ; mais à cette époque on pouvait le considérer comme achevé.

Il serait curieux de pouvoir suivre pas à pas le progrès des découvertes qui l'ont amené à cet état, de rapporter les dates des inventions successives, d'enregistrer les noms de leurs auteurs ; mais à cet égard les données manquent. Quoique ces découvertes soient beaucoup plus récentes que celles qui se rapportent à la fabrication du coton, leur histoire est plus obscure, et plusieurs causes contribuent à cette obscurité : le soin que les Anglais ont toujours pris de dérober leurs machines aux regards des curieux ; la complication même du système, qui se compose d'un bien plus grand nombre de pièces que celui des métiers à filer le coton, et enfin le concours des travaux qui ont préparé ou avancé la tâche. Nous avons vu, en effet, que tout cela est le fruit d'une élaboration commune. Quelques machines, il est vrai, portent le nom de leurs inventeurs ; mais ce ne sont ni les plus importantes, ni les meilleures : telles sont, par exemple, les peigneuses de Peeters, de Robinson et de Wordsworth. Nous avons nommé tout à l'heure deux hommes, MM. de Girard et Marshall, que nous regardons comme les promoteurs ou les principaux agents de cette révolution. A ces deux noms, nous croirons pouvoir dans la suite en associer un autre, non moins digne, selon nous, de figurer dans cette courte et honorable liste. Ce sont là les chefs de la grande armée des novateurs : après eux nous ne voyons plus que des soldats.

Sans entrer fort avant dans une explication technique sur la construction de ces machines et sur leurs différents emplois, nous croirions manquer à notre tâche si nous ne donnions au moins une idée de l'ensemble du système et de ses principes essentiels. Si ces explications paraissent arides, elles auront du moins, pour la très grande majorité des lecteurs, le mérite de la nouveauté, et d'ailleurs nous serons court.

Voici d'abord la nomenclature exacte des machines

OPÉRATIONS PRÉLIMINAIRES

1° Machine à battre.

2° Machine à couper.

3° Machine à peigner.

4° Machine à affiner.

PRÉPARATIONS POUR LES LONGS BRINS

1° Table à étaler, ou 1er étirage.

2° Étirages, 2e, 3e.

3° Banc à broches.

4° Métier à filer.

PRÉPARATIONS POUR LES ÉTOUPES

1° Carde briseuse.

2° Machine à doubler.

3° Carde fine.

4° Étirages, 2° et 3e.

5° Banc à broches.

6° Métier à filer.

Cette nomenclature est complète. Il faut observer cependant que, dans la construction des machines pour la filature, il y a plusieurs systèmes : système circulaire, système à vis, système à chaînes. De même pour quelques opérations accessoires, telles que le peignage. En outre, les métiers s'ajustent de différentes manières, suivant les résultats que l'on veut obtenir, ce qui semble multiplier à l'infini les données applicables. Mais cela revient toujours à ce que nous venons d'exposer.

Écartons avant tout les machines qui servent aux opérations préliminaires. La machine à battre est particulièrement destinée à assouplir le chanvre c'est une opération qui n'est encore bien exécutée qu'en France, à l'aide d'une machine de l'invention de M. Decoster, sur laquelle nous reviendrons. La machine à couper n'est employée que lorsqu'on ne veut pas travailler le lin dans sa longueur. On connaît l'usage de la machine à peigner. Quant à la machine à affiner, c'est un mécanisme extrêmement simple, quoique fort ingénieux, de l'invention de M. de Girard, et qui a pour objet de dépouiller le lin de sa chenevotte ; il n'est pas en usage partout. Toutes ces opérations ont assurément leur importance ; mais elles n'appartiennent pas proprement à la filature elle-même.

Le lin une fois préparé, vous avez donc, pour le convertir en fil, une table à étaler, deux étirages, un banc à broches et un métier à filer. Cette série de machines présente encore une succession d'opérations en apparence assez compliquée ; mais, au fond, rien de plus simple. A le bien prendre, c'est toujours le même procédé, avec quelques circonstances de plus ou de moins. En considérant ces mécanismes dans leurs principes essentiels, on trouve qu'ils ne sont tous au fond que des étirages. Il s'agit donc de bien comprendre ce que c'est que l'étirage, et comment cette opération s'exécute.

Supposez deux appareils placés à quelque distance l'un de l'autre, et composés chacun de cylindres superposés, qui tournent sur eux-mêmes par un mouvement rentrant. La matière passe successivement entre ces deux appareils, dont le premier s'appelle *fournisseur*, et le second ? *étireur*, elle y est pressée entre les cylindres qui tournent sans cessé et qui la poussent en avant. Comme les deux appareils fonctionnent dans le même sens, la matière suit le mouvement qu'ils lui impriment, et forme ainsi une filière continue ; mais la vitesse des deux appareils n'est pas égale : le second fonctionne avec plus de rapidité que l'autre, et c'est dans cette différence des mouvements que l'opération réside. On comprend que l'appareil étireur, marchant plus vite, exerce sur la matière une traction qui la détend sans cesse ; les filaments ou brins glissent les uns sur les autres pour obéir à cette traction ; la filière s'alonge, tout en suivant sa marche, et c'est là ce qu'on appelle *l'étirage*. C'est dans l'existence de ces deux appareils, et dans la fonction qu'ils remplissent, que réside le principe fondamental de la filature mécanique ; on le trouve partout, et dans chacune des machines que nous venons de nommer. C'est en ce sens que ces machines ne sont toutes, au fond, que des étirages ; voici pourtant les circonstances qui les différencient :

Quand le lin se présente à la table à étaler, il est encore en mèches détachées les unes des autres. Il s'agit d'abord d'unir ces mèches, pour en former une filière continue, ou ce qu'on appelle, dans le langage de la filature, un *ruban*. L'appareil fournisseur est donc ici précédé d'une table en tôle, sur laquelle les mèches de lin s'étalent, et qui donne son nom au métier ; cette table est elle-même garnie d'un large cuir qui se meut à sa surface ; la fonction de ce cuir est de conduire le lin, régulièrement et sans interruption, jusqu'à l'appareil fournisseur qui le saisit. On y dispose donc les mèches à la suite les unes des autres, en ayant soin de superposer les bouts, et le cuir les entraîne ainsi jusqu'aux cylindres. Rien que par la pression de ces cylindres, les bouts des mèches commencent à s'unir ; mais ensuite, dans l'intervalle de l'appareil fournisseur à l'appareil étireur, se trouve une rangée de peignes qui marchent, par files régulières, d'un appareil à l'autre, en allant plus vite que le premier, moins vite que le second, et qui unissent encore mieux ces bouts, en forçant les brins ou filaments à se croiser, L'union s'achève enfin dans l'appareil étireur : pour mieux la cimenter, on fait suivre ce dernier de deux autres appareils, dont le mouvement se règle d'ailleurs sur le sien, et qui n'agissent que par leur pression. En sortant de là, le lin forme un ruban : continu, et ce ruban est déjà beaucoup plus alongé que les mèches dont il est formé, bien que fort loin encore d'avoir la finesse requise. Pour compléter cette description, il faut dire que sur la même machine on forme à la fois, deux rubans qui marchent parallèlement l'un à l'autre. Il y a donc deux cuirs sur la table en tête, deux pressions à chaque appareil, et deux rangées de peignes sur le même encadrement ; ajoutons à cela que, lorsque les deux rubans sont formés, on les réunit en les faisant repasser ensemble par le dernier des appareils. Le but de cette union est de corriger les inégalités de l'un par les inégalités de l'autre, et en même temps de mieux affermir les endroits où les mèches se sont unies.

On voit que les rangées de peignes, qui vont d'un appareil à l'autre, jouent ici un grand rôle ; on les trouve dans toutes les machines suivantes, excepté le métier à filer. Au reste, leur fonction ne consiste pas seulement à unir les bouts des mèches, elles ont encore pour objet de maintenir les filaments du lin, et de les faire marcher avec ordres, de manière que l'appareil étireur les saisisse, autant que possible, un à un, avec une sorte de précision et de méthode, au lieu de les saisir par masses irrégulières.

La description que nous venons de faire de la table à étaler convient aux métiers suivants. Retranchez-en la table en tôle, et vous avez les étirages. En effet, on retrouve dans ceux-ci tout ce qui constitue le premier métier, savoir les deux appareils et les rangées de peignes, et tout cela fonctionnant de la même manière et suivant les mêmes principes. Il n'y a qu'une légère différence dans la forme. Dans les étirages, les deux appareils sont placés à la même hauteur, et par conséquent les rangées de peignes qui vont de l'un à l'autre marchent horizontalement, tandis que, dans la table à étaler, l'appareil fournisseur est placé plus bas que l'autre, afin de pouvoir s'unir à la table, ce qui fait que les peignes s'avancent en montant sur un plan incliné. On comprend que les étirages n'ont d'autre objet que d'amincir successivement le ruban ; en le rendant toujours plus régulier. Le ruban devenant plus mince, la rangée de peignes peut-être aussi plus étroite, ce qui fait que dans la suite on peut commodément faire marcher quatre rubans au lieu de deux sur le même métier ; mais cette circonstance ne change rien aux principes constitutifs.

Le banc à broches n'est lui-même qu'un étirage, et il en réunit toutes les conditions. Toujours les deux appareils et les peignes. C'est d'ailleurs la même disposition que dans les étirages ; mais vous trouvez ici une circonstance de plus. Jusque-là, soit pour la table à étaler, soit pour les étirages, lorsque le ruban sort de l'appareil étireur, il est revu, sans aucune autre préparation, dans un pot en fer blanc, pour être présenté dans le même état au métier suivant. Au contraire, sur le banc à broches, le ruban est reçu, après l'étirage, sur une broche qui, en tournant, lui imprime une légère torsion, et il s'enroule ensuite sur une bobine. Il en est ainsi de chacun des rubans que ce métier étire ; il a donc autant de broches que de rubans ; de là le nom qu'il porte. La torsion que ces broches donnent au ruban n'est que d'environ un tour sur une longueur d'un pouce. Elle n'est que provisoire, et doit disparaître sur le métier à filer. Son unique but est d'empêcher que le ruban ne s'enchevêtre en se roulant sur la bobine.

On arrive enfin au métier à filer. Là se remarque un changement plus notable. On y retrouve encore les deux appareils fonctionnant comme dans toutes les machines précédentes, mais on n'y retrouve plus les peignes. On comprend, en effet, que le lin approchant de son état de fil, on n'a plus besoin de s'occuper des filaments. Par cette raison même que les peignes sont supprimés, les deux appareils peuvent se rapprocher. Au reste, la distance de ces appareils varie selon la qualité du fil que l'on veut obtenir. Il résulte encore de cette suppression des peignes un changement non moins considérable dans la forme du métier. Jusque-là nous avons vu que les deux appareils étaient placés à la même hauteur, sur un plan horizontal, dont le milieu était occupé par l'encadrement des peignes (excepté dans la table à étaler, où le plan s'incline comme nous l'avons dit), et ce plan formait la partie supérieure de la machine. Ici, au contraire, les deux appareils sont placés sur le côté du métier, l'un au-dessus de l'autre. C'est l'appareil fournisseur qui occupe le dessus. Plus haut sont placées les bobines chargées de leurs rubans, et qui sont apportées là du banc à broches. Plus bas est l'appareil étireur, et au-dessous de ce dernier de nouvelles broches, plus petites, plus fines que celles dont nous avons parlé. Comme la machine forme un carré long, on répète les mêmes dispositions sur chacun des grands côtés, en sorte que le métier est double. On comprend d'ailleurs qu'on peut travailler ici un bien plus grand nombre de rubans à la fois. Les choses ainsi disposées, l'appareil fournisseur tire à lui les rubans dont les bobines supérieures sont chargées, et qui se déroulent à mesure il les livre à l'appareil étireur, placé au-dessous, qui les allonge ; de là ces rubans descendent sur les broches, qui leur donnent une torsion définitive, et les roulent sur de nouvelles bobines. Après quoi tout est fini : le ruban est devenu fil parfait.

Nous avons peu de chose à dire sur la filature des étoupes. La suite des opérations est la même que pour les longs brins ; il n'y a de différence essentielle qu'au début. Les étoupes n'étant pas en mèches comme le lin, mais en masse brute, fort irrégulièrement mêlée, il faut une machine pour démêler tout cela. C'est l'office de la carde, dont nous croyons inutile de donner ici la description. La carde remplit, du reste, pour les étoupes, la même fonction que la table à étaler pour les longs brins. Comme elle, elle est précédée d'une sorte de manteau en guise de table sur laquelle la matière s'étale ; comme elle aussi, elle forme deux rubans que l'on réunit ensuite par les raisons que l'on a vues : après quoi les opérations se suivent exactement comme pour les longs brins. Seulement, dans toutes les machines dont on se sert pour les étoupes, les appareils fournisseur et étireur sont plus rapprochés l'un de l'autre ; les rangs de peignes intermédiaires sont plus courts ; en un mot, les métiers sont plus ramassés, par la raison fort simple que les filaments ou brins sont moins longs.

Il ne nous reste qu'une observation à faire pour compléter notre exposé. Il y a trois manières de travailler le lin : à sec, à l'eau froide, ou, à l'eau chaude. C'est sur le métier à filer que ces différences s'observent. Quand on travaille à sec, les choses se passent exactement comme on l'a vu. Pour travailler *mouillé*, on se contente de placer au-dessus du métier, dans sa longueur, un bac rempli d'eau, froide ou chaude, selon le résultat que l'on veut obtenir. Dans ce cas, les bobines qui portent les rubans sont placées au-dessus de ce bac, de manière que les rubans traversent l'eau avant d'arriver à l'appareil fournisseur. Cette eau, dans laquelle le lin trempe avant l'étirage, a pour effet, au moins l'eau chaude, de dissoudre le gommo-résineux dont il est enduit. De cette façon, il se relâche davantage. Les fibrines, dont chaque filament est composé, se détachent les unes des autres, de manière que, sans qu'il survienne aucune rupture, il se produit un grand nombre de solutions de continuité qui favorisent l'allongement de la matière. Mais, pour que cet allongement se fasse sans rupture, on est obligé de rapprocher les appareils. On comprend d'ailleurs que l'eau chaude ne s'emploie que pour les numéros plus fins.

Tel est ce système avec tous ses principes constitutifs. Comme on le voit, il est fort simple au fond ; ce qui n'empêche pas que, dans le travail de l'invention, il n'y ait eu d'immenses difficultés à vaincre. Aujourd'hui que ces difficultés sont vaincues, on s'étonne quelquefois qu'elles aient arrêté si longtemps les inventeurs ; mais, quand on examine de plus près, on tombe dans un étonnement contraire. En voyant l'harmonie qui règne entre toutes les parties de ce système, l'heureuse disposition des mécanismes, la perfection de leur jeu, et la prévoyance infinie qui a présidé à l'exécution des détails, on ne peut s'empêcher d'admirer le génie de l'homme, et l'on comprend que ces machines soient le fruit de cinquante années de travaux ; aussi bien que du concours de tant d'intelligences.

Qui le croirait ? Cet emploi de l'eau chaude, si facile à comprendre aujourd'hui, est une des difficultés contre lesquelles l'ancienne filature française a constamment échoué. On a tourné longtemps autour d'elle ; et combien d'hommes y ont consumé leurs veilles, mais sans succès ? C'est qu'en raison du relâchement de la matière produit par l'eau chaude, le ruban se rompait. C'est finalement en Angleterre que le problème a reçu sa solution, et comment ? Par le simple rapprochement des appareils [8]. On comprend, en effet, que, plus les appareils sont rapprochés, moins il y a de danger de rupture.

On se demande comment, avec des machines si compliquées et si coûteuses, établies dans de vastes bâtiments au sein des villes ou dans leur voisinage, et servies par des ouvriers très bien payés, on a pu parvenir à soutenir la lutte avec avantage contre cet ancien filage à la main qui s'exécutait à si bas prix. Le problème a été résolu par l'excellence des préparations, par le ménagement de la matière première, le meilleur emploi des forces, la rapidité de l'exécution, la régularité du travail et la perfection des produits.

C'est jusque dans les opérations préliminaires que ces différences s'observent, et notamment dans le peignage, la plus importante de toutes. Autrefois le peignage s'exécutait si mal, qu'une énorme quantité de lin s'y changeait en étoupes, sans que pour cela la partie restante fut bien peignée. On est parvenu, à l'aide des machines, à obtenir un peignage beaucoup plus parfait avec des pertes beaucoup moindres. Opposons, par exemple, l'ancien peignage à celui qui s'exécute avec une machine de l'invention de M. de Girard, perfectionnée par M. Decoster.

Dans le peignage à la main, voici comment les choses se passaient. Un ouvrier prenait d'une main une mèche de lin ou de chanvre, et l'étreignait fortement entre ses doigts. Ainsi comprimé d'un côté, le lin prenait la forme d'une queue de cheval. En cet état, on le faisait passer et repasser sur des pointes en fer ou en acier, qui tenaient lieu de peigne. Quand on avait fini d'un côté, on recommençait de l'autre. Rien de plus simple que cette opération ; mais, outre sa lenteur, elle avait des inconvénients très graves. Là où la main de l'ouvrier étreignait le lin, il était si serré, si dense, que les dents du peigne avaient de la peine à pénétrer. Au lieu de le diviser, elles le déchiraient en brisant les filaments. Au contraire, à l'extrémité de la queue, les filaments étaient si flottants, si lâches, que les dents du peigne n'avaient plus de prise sur eux ; de là ce double inconvénient d'une énorme déperdition de matière première et d'un peignage imparfait.

On a changé tout cela. Dans le système MM. de Girard et Decoster, le lin est serré par les extrémités supérieures entre deux ais en bois qui remplacent la main de l'ouvrier. Il n'y est pas réuni en faisceau, en masse, mais réparti sur la longueur des ais, de manière à prendre la forme, non d'une queue, mais d'une crinière de cheval. Cette crinière pendante est ensuite mise en mouvement, avec les ais qui la portent, et va passer entre deux rangs de manivelles, qui doivent la battre des deux côtés en même temps, à peu près comme un soldat condamné aux verges passe entre deux rangs d'exécuteurs. Au lieu de verges, les manivelles sont armées de pointes ou d'aiguilles en acier dont l'épaisseur diminue à mesure que l'on avance. Les premières aiguilles que le lin rencontre dans sa marche sont assez épaisses et assez distantes l'une de l'autre elles n'opèrent qu'un premier démêlage en gros ; mais ensuite elles deviennent de plus en plus fines, en même temps qu'elles se rapprochent. A la fin, elles se touchent ; presque et sont d'une finesse et d'une ténuité incomparables. Quand le lin sort de là, il peut défier l'œil le plus exercé, et ; cependant la masse d'étoupes produite est relativement presque nulle [9].

Il y a plus. Ces étoupes que l'on rejetait autrefois comme matières de rebut, ou dont on n'obtenait que de très gros fils, chargés de pailles et d'ordures, se filent aujourd'hui avec une netteté et une finesse remarquable, au point qu'on peut à peine les distinguer de ceux qui proviennent du lin. On file en étoupes jusqu'au n° 120. La fabrication du coutil ne réclame pas au-delà du n° 50, et celle des linons le n° 110, c'est-à-dire qu'on peut, avec les étoupes fabriquer presque toutes les toiles en usage dans le commerce. La différence, entre ces toiles et celles qui viennent du lin subsiste, en sorte qu'elles se vendent un peu moins cher ; mais cette différence est, si peu sensible, qu'elle échappe a l'observation des employés de la douane. Or, pour faire comprendre quelle est l'importance de cette mise en œuvre des étoupes, il suffit de dire que la quantité produite était, avec l'ancien, peignage, de 40, 45 et souvent 50 pour cent. Quelquefois même, lorsqu'on voulait obtenir un peignage plus parfait, afin de pouvoir filer plus fin, on arrivait, selon la nature des lins, à un déchet de 60 et 80 pour cent [10].

Quant à la rapidité de l'exécution et à la somme des résultats, même avantage pour la mécanique. Suivant des calculs que nous avons tout lieu de croire exacts, le travail d'une fileuse ordinaire dans nos campagnes peut produire, terme moyen, pour une semaine composée de cinq jours, en faisant déduction du temps employé à des courses au marché, une livre de fil d'une finesse moyenne. Or, dans une filature mécanique, en prenant pour exemple une des filatures de M. Marshall, de Leeds, une seule broche peut donner, pour trois cents jours de travail, à dix heures par jour, cinquante-deux kilogrammes du n° 30 anglais, soit, en faisant déduction des jours fériés, un kilogramme par semaine. Ainsi une seule broche produit autant que deux fileuses à la main, et une seule ouvrière suffit pour surveiller un métier de cent vingt broches. Il est vrai qu'il faut des ouvriers pour les machines préparatoires ; mais il s'en faut bien que cela fasse compensation. Si l'on suppose dans chaque filature un service de trois mille broches, et ce n'est qu'une grandeur très moyenne, une seule de ces filatures fera le travail de six mille fileuses ; deux ou trois suffiront pour remplacer le filage qui s'exécute dans toute une province. Remarquons ici en passant que, dans l'ancien système français, une ouvrière ne pouvait mener que de vingt-huit à trente-six broches.

Les différences ne sont pas moins remarquables, si l'on considère la régularité et la perfection du travail. Quelle que fût l'habileté traditionnelle de nos fileuses à la main, elles n'avaient jamais pu parvenir à donner à leurs fils une épaisseur et une force partout égales. Même dans les numéros les plus fins, on trouvait des inégalités frappantes dont l'œil était blessé, et qu'on eût regardées avec raison comme des défauts choquants, si on n'avait pas été accoutumé à les rencontrer partout. L'ancien système français n'avait pas corrigé ce vice ; mais la mécanique anglaise l'a fait disparaître avec bonheur. Les fils qu'elle produit sont d'une rondeur et d'une régularité parfaite. Pas une inégalité ne s'y rencontre ; on dirait, tant ils sont réguliers, des fils de métal passés au laminoir. De là vient que, même dans les qualités communes, ils ont une belle apparence, et offrent quelque chose de séduisant à l'œil, que les autres n'ont jamais ; qualité précieuse, à ne la considérer même que comme une condition de la beauté des produits, qualité qui n'est pas encore assez appréciée par les consommateurs, et qui excite aujourd'hui peut-être plus de surprise que de satisfaction, mais qui doit, tôt ou tard, à mesure qu'elle deviendra plus familière, faire dédaigner les autres fils. Mais outre cet avantage de la beauté, qui a quelque chose de conventionnel et d'arbitraire, la régularité des fils mécaniques en présente un autre tout positif et tout pratique ; c'est l'économie de temps et la facilité du travail qu'elle procure dans l'opération du tissage. Cette économie est telle, qu'un tisserand à la main, qui ne pouvait fabriquer avec les anciens fils que six aunes de toile par jour, arrive sans peine à en fabriquer sept et demie avec les fils mécaniques. Aussi les derniers ont-ils été promptement adoptés par les tisserands, qui bientôt même n'en ont plus voulu d'autres. De là un accroissement notable dans la fabrication de la toile, accroissement qui s'est concilié avec la baisse des prix, aussi bien qu'avec l'élévation du salaire des ouvriers. C'est pour cette raison que plusieurs des hommes intéressés dans la fabrication des toiles se sont portés d'abord les adversaires de la filature française, en embrassant la cause des fils anglais, dont ils ne voulaient pas entendre qu'on modérât l'importation en France.

Un autre avantage reste à signaler : c'est que les machines anglaises élèvent, pour ainsi dire, la qualité de la matière première, en permettant d'obtenir avec du lin d'une qualité donnée des fils beaucoup plus fins. C'est ainsi, par exemple, qu'avec les lins russes, qu'on n'estimait guère propres autrefois qu'à la fabrication des toiles à voiles et des cordages, les Anglais ont d'abord obtenu le n° 35, ce qui était déjà fort beau, et qu'aujourd'hui, par un progrès nouveau, ils sont parvenus, dit-on, à en tirer jusqu'au n° 50 et au-delà. Ainsi s'expliquent ces paroles de M. Scrive, qui résument assez bien tout ce que nous venons de dire : « Si vous parlez de la filature à la main, il est évident que les machines l'emportent par la vitesse et la régularité du travail, par l'économie du salaire, et par cet autre fait très important, qu'avec du lin d'une qualité donnée, on peut filer beaucoup plus fin, et que d'ailleurs ces machines font avec des étoupes ce que la main n'aurait pas pu faire : c'est ce dernier point qui caractérise le grand avantage du nouveau système, en ce qu'il donne une valeur considérable à ce qui n'était, pour ainsi dire, qu'un rebut ou un déchet [11]. »

42

A côté de ces avantages, il y a pourtant quelques inconvénients qu'il ne faut pas oublier de mentionner. Ils sont assez exactement indiqués dans les réflexions qui suivent : « Dans la pratique de ce commerce nous avons eu occasion de remarquer que les fils d'Angleterre, si ronds, si unis, si séduisants pour le coup d'œil, manquent de consistance pour la couture, se rétrécissent à la lessive, en un mot qu'ils sont inférieurs pour l'usage à ceux qui ne sont point filés à la mécanique. Quelles sont les causes de cette apparence de supériorité, qui n'est qu'une infériorité réelle ? Il faudrait connaître les secrets de la fabrication anglaise pour les pénétrer. Nous pensons, nous, sans vouloir donner à notre opinion une importance qu'elle ne mérite point, que ce qui donne la solidité au fil est précisément ce qui empêche qu'il soit parfaitement uni ; nous voulons dire la conservation de la longueur des filaments de la matière manipulée. Or, si l'on en croit des bruits encore vagues, mais pourtant appuyés sur quelque fondement, les Anglais détruisent, pour obtenir les qualités reconnues dans leur marchandise, ce que nous avons cru le principe de la solidité. En comparant des fils de laine avec des fils de chanvre ou de lin, on pourrait facilement se convaincre que notre opinion est beaucoup plus fondée qu'elle ne semble l'être au premier aperçu [12]. » Ces reproches, ainsi que les conjectures qui les suivent, conjectures qui témoignent de la sagacité de leur auteur, sont justes, sauf quelques rectifications.

On a vu en quoi consiste ce brisement du lin que les machines opèrent. Mais ce n'est guère que dans les numéros élevés, pour lesquels on emploie l'eau chaude, qu'il produit des effets sensibles. Ces trois modes, à sec, à l'eau froide et à l'eau chaude, modes auxquels chaque fabricant accorde plus ou moins, selon ses idées propres, sont pourtant assez généralement employés de la manière suivante : pour les gros fils, jusqu'au n° 6, on file à sec ; du n° 6 au n° 35, on emploie l'eau froide ; plus haut, l'eau chaude est nécessaire. C'est dans ce dernier cas seulement qu'on brise les filaments.

Il résulte de là que les fils sont, en effet, plus faibles ; car ces filaments brisés, lorsqu'on les superpose les uns aux autres dans le tordage, adhèrent moins fortement que des filaments entiers : il en résulte encore que les toiles fabriquées avec ces fils présentent à l'œil et au toucher quelque chose de cotonneux ; peut-être aussi qu'elles mollissent à la lessive, et enfin qu'elles se couvrent de petits

Charles Coquelin

boutons perceptibles au toucher. Cependant le premier de ces in-convénients est fort atténué par un meilleur tordage, et par la régu-larité même des fils ; car c'est dans les endroits plus faibles que les fils se rompent. Quant aux autres, nous croyons qu'ils subsistent, sans nier pourtant que la perfection du travail et le bon choix de la matière première ne puissent y remédier jusqu'à un certain point.

C'est pour cette raison que jamais la mécanique ne pourra, quoi qu'en ait dit un écrivain anglais, remplacer certains produits de l'ancien filage, tels, par exemple, que nos batistes. Outre leur finesse, que l'on égalera peut-être un jour, les batistes se recom-mandent précisément par toutes les qualités contraires aux défauts que nous venons de signaler. Pour les fabriquer, on choisit parmi les lins ramés les tiges les plus hautes, et de ces tiges on détache les brins tout à la fois les plus fins et les plus longs. C'est avec le produit de ce triage, appelé *lin de fin*, qu'on forme les fils pour la batiste. La longueur du filament est donc ici une qualité essentiellement requise, à tel point que l'une des conditions de la perfection pour ce genre de toiles est que chaque filament y règne dans toute la longueur du tissu. C'est là ce qui donne aux batistes cette nette-té, ce lustre, ce poli qui les distinguent. C'est là ce qui fait qu'elles glissent sous la main, comme ferait une mèche de lin soigneuse-ment peignée dans sa longueur. C'est à cela qu'elles doivent encore leur souplesse, leur élasticité, et, malgré leur finesse, leur force in-destructible. Évidemment la mécanique ne tend pas là. C'est par des qualités tout autres que ses produits se recommandent. Elle doit renoncer à remplacer jamais la batiste. Elle le peut d'ailleurs sans regret ; car la batiste, malgré sa richesse, ou plutôt à cause de cette richesse même, est un produit de peu d'importance, parce que l'usage en est infiniment borné.

Malgré ces inconvénients partiels, dont nulle chose humaine n'est exempte, la mécanique n'en offre pas moins des produits supé-rieurs, à tout prendre, à la majeure partie de ce qu'on fabriquait auparavant, et, ce qui tranche irrésistiblement la question en sa faveur, c'est l'avantage du bon marché, pour lequel l'ancienne fabri-cation ne saurait entrer en lutte avec elle.

L'économie produite par la nouvelle filature serait fort difficile à déterminer. C'est un fait qui, pour le moment, échappe à toute appréciation exacte. Les filateurs anglais ne se sont pas toujours réglés dans leurs ventes sur les prix de revient, et il est impossible d'apprécier les bénéfices de leur fabrication Eux-mêmes seraient fort embarrassés d'ailleurs de marquer la différence exacte du revient, faute d'un point de comparaison fixe et bien établi. On ne peut donc en juger que par des résultats éloignés.

Dans le temps de leurs premières expéditions pour la France, par exemple en 1832 et 1833, les filateurs, anglais n'étaient pas pressés de vendre ; car, bien qu'ils fussent déjà très nombreux, ils ne pouvaient encore répondre aux besoins de la consommation. C'est à ce point que M, Marshall, de Leeds, faisait alors attendre, six mois les fils qu'on lui demandait, tandis que dans la suite il a répondu aux demandes en quinze jours. Rien ne les pressant, ils se contentèrent de présenter leurs fils sur nos marchés à 5, 10 ou 15 pour 100 au-dessous des cours établis. Mais dans la suite, l'importation croissante ayant fait diminuer les prix de nos propres fils, ils réduisirent les leurs, et toujours à peu près dans la même proportion, Ainsi, ce qui se vendait en 1833 de 110 à 120 francs (le paquet de 360,000 yards, du n° 60 anglais, pair exemple, ne se vendait plus, en 1838, que 75 francs, quoique le prix, du lin brut n'eût pas baissé ; ce qui prouve que les Anglais étaient loin d'avoir lâché d'abord leur dernier mot. Dans l'enquête de 1838, on demandait à M. Boisseau, négociant et fabricant à Laval (Mayenne), quelle différence il y avait entre le prix des fils du pays et celui des fils anglais. Il répondit : « Aujourd'hui elle n'est guère que de 15 à 18 pour 100 soit un sixième ; car on a à Laval, tout rendu, un fil anglais du n° 40, bonne sorte ordinaire, au prix de 2 francs 50 cent. la livre, et ce même fil, fait en Bretagne, vaudrait aujourd'hui environ 3 francs. Mais pour parler de l'ancien état de choses, il faudrait comparer le prix de 2 francs 50 cent. à un prix de 4 francs 25 cent. au moins. Voilà la mesure du changement qui s'est opéré ; c'est un abaissement d'un tiers de la valeur primitive. » C'est donc une réduction d'un tiers que les machines anglaises auraient produite ; et si l'on considère que les fils anglais ont d'assez grands frais à faire pour arriver sur nos marchés, frais de transport, de commission, droits d'entrée, etc., on comprendra que la réduction est même encore plus forte. Rien ne prouve d'ailleurs que le dernier terme de la baisse soit arrivé, même par rapport à l'état actuel de la filature mécanique, et, à coup sûr, il reste encore à celle-ci bien du chemin à faire.

Charles Coquelin

Il est facile de pressentir maintenant quels ont été pour l'Angleterre les résultats de ces inventions. Les rôles ont été changés. L'Angleterre, qui était au dernier rang parmi les peuples de l'Europe pour la production des fils et des tissus de lin, s'est élevée d'un bond jusqu'au premier, et s'est acquis en peu d'années une supériorité sans rivale. L'absence de la matière première n'a pas été pour elle un obstacle ; elle s'est adressée à la Belgique et à la Russie, à la dernière surtout, et elle y a trouvé sans peine l'aliment de son travail. Il lui en a coûté de nouveaux frais de transport, double désavantage sur les anciens lieux de production ; mais la supériorité des machines a tout couvert. Il est vrai de dire, au surplus, que la Russie lui a fourni des lins à bien meilleur marché que la France n'aurait pu le faire, et que, par un autre effet de la politique anglaise, qui favorise toujours le travail, ces lins bruts n'ont payé à leur entrée en Angleterre que des droits insignifiants.

Il est difficile d'établir avec quelque certitude la somme des produits que donne en Angleterre ce genre de fabrication. Si, pour le coton et pour la soie, qui sont des matières exotiques, on peut, à la seule inspection des relevés de la douane, évaluer la consommation des manufactures, il n'en est pas de même pour le lin et pour le chanvre, dont le sol anglais fournit au moins une partie, et l'importation qui s'en fait ne saurait donner la mesure de ce qui en passe par les métiers. Voici pourtant quelques indications. En 1814, la ville de Dundee, en Écosse, n'importait pas chez elle plus de 3,000 tonnes (3,048,000 kil.) de lin ; en 1831, cette importation s'éleva à 15,000 tonnes, plus 3,000 de chanvre. En 1833 il y eut encore progrès : 18,777 tonnes de lin et 3,380 de chanvre (en tout 23,000,000 de kilogrammes). Les produits manufacturés que donnèrent ces matières premières, toiles, toiles à voiles, à emballage, etc., et qui sortirent la même année du port de Dundee, se montèrent à 60,000,000 de yards (54,900 kilomètres) [13].

Ce n'est pas là d'ailleurs un fait isolé et propre à une seule ville. D'après le rapport de l'inspecteur des manufactures Horner, on a constaté en Écosse, vers 1834, l'existence de cent cinquante-neuf filatures de lin à la mécanique, dont quatre-vingts à Forsar ; on en a trouvé trente-deux dans la partie nord de l'Irlande, et cinquante-deux dans les comtés du nord de l'Angleterre. Dans la suite, le progrès, loin de se ralentir, s'est encore activé. On en jugera par l'extrait suivant d'une lettre, écrite de Leeds au mois de juin 1838, par M. Laherard, de la maison Laherard et Millescamp. « Dans cette ville, dit-il, on voit quatre cents cheminées de pompes à vapeur, on compte cent cinq filatures de lin. M. Marshall en possède trois qui occupent dix-sept cents ouvriers et quatre cents peigneuses. Il en construit encore une d'une plus grande importance et avec des perfectionnements. » Ainsi, en 1838, le nombre des filatures était de cent cinq dans la seule ville de Leeds, et on en construisait encore. Si l'on considère quelle est la puissance de chacune de ces manufactures, dont quelques-unes font mouvoir trente et quarante mille broches, et quelle énorme quantité de produits elles livrent tous les jours à la consommation, on pourra se faire une idée de la puissance actuelle de cette industrie, qui date à peine d'hier. On remarquera en même temps que, dans sa croissance, elle suit presque une progression géométrique.

En 1834, Mac-Culloch estimait le produit total des filatures anglaises à 7 millions 500 mille liv. st. (187 millions 500 mille fr.). Mais cette estimation était fort au-dessous de celle qui était faite par plusieurs autres écrivains, notamment Colghoun, et, sans admettre les données de celui-ci, on peut croire que Mac-Culloch s'est montré beaucoup trop modéré dans ses évaluations. Dans tous les cas, le chiffre est aujourd'hui bien dépassé. En 1838, M. Scrive, de Lille, estimait que depuis deux ans le nombre des filatures anglaises avait doublé. Il y a peut-être quelque exagération dans ce calcul ; mais il donne au moins une idée de la rapidité vraiment miraculeuse avec laquelle cette industrie progresse.

S'il n'est pas facile de se rendre un compte exact de la production totale de l'Angleterre, on peut connaître du moins la somme de ses exportations. En voici le tableau exact, jusques et y compris l'année 1837. Nous le donnons à la fois pour les fils et les tissus, ainsi que pour les articles de rubannerie et de mercerie, avec la double indication des quantités et des valeurs, telles qu'elles sont déclarées à la douane.

ANGLETERRE
fils et tissus de lin, rubannerie et mercerie
EXPORTATIONS

Années	Tissus		Fils		Rubannerie et mercerie
	Quantités	Valeur déclarée	Quantités	Valeur déclarée	
	Mètres	Francs	Kilogrammes	Francs	Francs
1833	57,794,513	52,431,825	349,196	1,800,000	1,743,775
1834	62,000,555	58,949,775	974,505	3,407,800	2,133,875
1835	71,271,059	72,328,475	1,175,047	5,415,875	2,475,100
1836	75,028,460	80,950,775	1,707,206	7,969,300	2,207,350
1837	53,401,668	51,585,625	3,124,841	11,982,675	1,600,500

Première partie

On remarquera que, pour les tissus, la somme des exportations, qui s'était accrue d'une manière assez rapide dans les années précédentes, a diminué en 1837. Il en a été de même pour les articles de rubannerie et de mercerie. C'est qu'à cet égard le grand débouché de l'Angleterre est aux États-Unis, et que la crise commerciale de 1837, dont ce pays a été le principal théâtre, a resserré ce débouché. Nul doute qu'il ne soit maintenant rétabli. Quant aux fils, la progression s'est soutenue, grâce aux expéditions dirigées sur le continent européen et particulièrement sur la France. Au surplus, l'exportation des fils est celle que nous avons surtout à considérer, et c'est ici que la progression dépasse toute mesure, puisque l'exportation, qui n'était encore en 1833 que de 1 million 800 mille francs, s'est élevée en 1837 à 11 millions 982 mille 675 francs ; c'est-à-dire qu'elle a été plus que sextuplée dans l'espace de cinq ans. L'année 1838 a produit des résultats encore plus étonnants ; car l'exportation pour la France seulement s'est élevée à plus de 6 millions de kilogrammes, ce qui donne une valeur d'environ 23 millions de francs.

En voyant ces progrès, on se demande si l'industrie du lin est vraiment destinée à renouveler les prodiges de l'industrie du coton ; si elle doit donner une seconde fois au monde le spectacle de cette élévation rapide, soutenue pendant plus d'un demi-siècle, et de cette fortune gigantesque. Il y a des raisons de douter, mais aussi des raisons d'espérer.

Dès à présent les machines sur lesquelles l'industrie, du lin s'appuie, sont tout aussi puissantes que celles dont fait usage l'industrie du coton, et elles se perfectionnent encore. A cet égard, il y a tout au moins égalité de forces ; mais, à vrai dire, cela ne suffit pas. Quoi qu'on fasse, la manufacture est toujours plus ou moins liée au sort de l'industrie agricole qui lui fournit son aliment, et, pour que son élévation se soutienne, il faut que celle-ci la suive dans sa marche, en répondant toujours à ses besoins. Que devenait, par exemple, la manufacture anglaise du coton, si la matière première eût fait défaut ? Or, ce résultat était inévitable, si la production, renfermée dans ses anciennes limites, n'eût pas trouvé tout à coup, dans un monde nouveau, une assistance inespérée. Certes, ce n'est pas l'Inde qui eût jamais suffi à l'avidité croissante des machines anglaises ; car, outre qu'elle consommait elle-même une bonne partie de sa matière première, ses cultivateurs indolents étaient bien éloignés de pouvoir suivre, d'un pas égal, les progrès inouïs de la fabrication. Pour que ces machines, toutes merveilleuses qu'elles étaient, ne fussent pas arrêtées au beau milieu de leur œuvre, il a fallu qu'il se rencontrât, dans un autre hémisphère et dans un pays neuf, un peuple jeune, énergique, ardent, assez actif pour semer et récolter aussi vite que les machines dévoraient les récoltes : c'était un prodige d'une autre sorte, sur lequel il n'était guère permis de compter. Si, à l'époque où les machines commençaient à fonctionner en Angleterre, il eût été donné de prévoir à quel degré de puissance elles arriveraient un jour, et qu'on se fût demandé d'où leur viendrait cette incroyable quantité de matière première à mettre en œuvre, quel homme au monde eût su répondre à cette question ? C'est qu'en effet, de quelque côté que l'on tournât alors ses regards, il était impossible de découvrir, dans aucune partie du monde habitable, ni une terre assez riche, ni un peuple assez fort pour répondre à de pareils besoins. Mais, dans le même temps, l'Amérique du Nord ouvrait à l'homme les inépuisables trésors de ses terres vierges, et là naissait et croissait, avec cette rapidité phénoménale que l'on connaît, un peuple dont toute l'existence est un prodige, et que la tâche proposée n'effraya point. Ce peuple des États-Unis intervint donc, lui, sur qui l'on était bien loin de compter, et le problème fut résolu.

La culture du coton, aux États-Unis, ne date que d'un peu plus d'un demi-siècle ; jusque-là, on avait même douté que le sol et le climat pussent s'y prêter. Quand, en 1781, les premières balles de coton de provenance américaine furent expédiées, au nombre de huit, à Liverpool, les employés de la douane anglaise refusèrent d'admettre, comme entaché de faux, le certificat constatant leur origine. Qui aurait pu croire que de ce même lieu, alors suspect, sortirait, sitôt après, cette masse de produits qui devait inonder l'Europe ? Mais cette culture naissante marcha à pas de géants, comme le peuple même qui venait de l'entreprendre. Aujourd'hui, la production totale des États-Unis en coton peut s'estimer, d'après des évaluations récentes, à près de trois cents millions de kilogrammes, et forme plus du triple de la production totale du reste du globe. Plus des deux tiers de cette quantité sont expédiés sur l'Europe [14]. C'est à cette source inespérée, et qui s'élargissait à vue d'œil, que les machines anglaises, devenues européennes, ont puisé, et voilà comment elles ont trouvé sans cesse un aliment à leur activité croissante. Il n'en fallait pas moins ; mais c'était là, il faut en convenir, une de ces rencontres providentielles placées en dehors de toutes les prévisions humaines ; c'était un prodige qui surgissait à point nommé pour en féconder un autre, et l'étonnante fortune de l'industrie cotonnière, est le fruit de leur alliance ou de leur conjonction. Or, une pareille rencontre doit-elle se renouveler pour enfanter, de nos jours, une autre fortune semblable ? Il ne faut pas dire non, car qui sait ce que l'avenir nous réserve ; mais il est permis de douter.

Ce n'est pas qu'on puisse mettre en doute que la production totale des fils et des tissus de lin ne vienne à égaler un jour en Europe la production totale des fils et des tissus de coton. Dès à présent, si l'on pouvait faire le relevé exact de ce qui se récolte en lin et en chanvre dans toute l'étendue de l'Europe, nous croyons que la quantité n'en serait pas fort au-dessous de celle du coton qui se récolte sur la surface du globe. La France seule, qui consacre à la culture de ces deux plantes 180,000 hectares de ses meilleures terres, produit, en prenant la moyenne de 700 kilogrammes par hectare, tant pour le lin que pour le chanvre, une quantité totale de 126,000,000 kilogrammes. Aussi nos doutes ne portent-ils pas sur la somme de la production future, mais sur la continuité de son accroissement.

Le lin n'est pas une plante dont la production puisse s'étendre à volonté, Sans être précisément exclusive, elle affecte pourtant certaines natures de terrain, et ne prospère que là. Une autre circonstance limite encore sa production, c'est qu'elle épuise la terre et ne peut y reparaître qu'à de longs intervalles. En bonne culture, le lin ne se présente que tous les sept ans dans la rotation de l'assolement, d'où il suit qu'il ne peut occuper chaque année que la septième partie des terrains qui lui conviennent. Tout cela s'applique également au chanvre, comme, en général, à toutes les plantes textiles. Il reste cependant encore bien des pays, bien des terres, où la culture du lin pourrait être entreprise avec succès. C'est ainsi que, dans ces dernières années, elle commençait à pénétrer dans quelques-uns de nos départements, où elle était jusqu'à présent inconnue, lorsque l'invasion des fils anglais, réagissant sur la vente de nos produits agricoles, est venue décourager ces essais. Il faut remarquer, d'ail-

Charles Coquelin

leurs, qu'en raison de l'imperfection de la culture, les terres culti-vées en lin et en chanvre sont, en général, bien loin d'atteindre, quant à la somme de la production, les limites du possible ; or, il est permis d'espérer qu'à mesure que la demande deviendra plus forte, l'agriculture, excitée par la facilité de la vente, perfectionnera ses moyens. Une autre circonstance bien remarquable vient favoriser l'accroissement de la manufacture, c'est que, dès aujourd'hui, les machines, en tirant un si bon parti des étoupes, qui étaient aupa-ravant presque rejetées comme matières de rebut, ont elles-mêmes augmenté, d'une manière inattendue, les ressources de la produc-tion. C'est cette dernière circonstance qui explique comment, mal-gré le développement si rapide de la fabrication, la culture du lin et du chanvre est demeurée comparativement presque stationnaire.

Nous avons dit que c'est principalement de la Russie, et ensuite de la Hollande et de la Belgique, que l'Angleterre tire ses matières brutes. En effet, sur une quantité totale de 1,000,025 quintaux, tant de lin brut que d'étoupe de lin et de chanvre, qu'elle a reçue en 1837, 682,025 quintaux sont provenus de la Russie, 134,916 de la Hollande, et 118,298 de la Belgique. La France n'a figuré dans cette importation que pour une quantité de 89,557 quintaux, et encore a-t-on compris dans ce chiffre ce qui a été expédié par son terri-toire en transit [15]. Il semble donc que la Russie soit destinée à faire, pour la manufacture du lin et du chanvre, ce que les États-Unis ont fait pour la manufacture du coton. Il en est ainsi jusqu'à présent. Nous croyons cependant la Russie incapable de soutenir jusqu'au bout un pareil rôle. Ce n'est pas dans un pays gouverné despoti-quement, écrasé par une aristocratie dévorante, et cultivé par des mains asservies, qu'on peut voir se renouveler le prodige dont la terre libre de l'Union américaine a donné le spectacle au monde.

Oserons-nous hasarder sur ce sujet une conjecture ? Il ne serait pas impossible qu'une seconde fois les États-Unis vinssent appor-ter à l'Angleterre et à l'Europe un secours inespéré. En 1837, ce pays n'a expédié à l'Angleterre que la faible quantité de 5,347 quin-taux de chanvre brut. Ses expéditions en lin, dont nous n'avons pas trouvé le chiffre dans les états de la douane, n'ont pas été pro-bablement plus considérables. La production américaine est donc aujourd'hui presque insignifiante à cet égard. Mais en 1825, les États-Unis n'avaient expédié en Angleterre qu'un seul quintal de chanvre, en 1829, 234 quintaux, en 1833, 1,241, et en 1835, 3,157. On voit que ces expéditions si peu importantes en elles-mêmes s'accroissent au moins de jour en jour. La production du coton est devenue, contre toute apparence, l'apanage des états du sud et de l'ouest de l'Union américaine : il ne faut pas jurer que la production du lin et du chanvre n'y deviendra pas, dans la suite, l'apanage des états du nord. Espérons toutefois qu'à cet égard l'Europe conservera ses droits.

Notes

1.   Progrès de la Grande-Bretagne, par M. H.-R. Porter.

2.   Recueil d'Observations sur l'Angleterre, par M. G. Simon.

3.   Richard. Arckwright est l'inventeur du métier continu, appelé water frame, mais non du banc à broche, qui n'a été inventé que trente ans plus tard.

4.   Progrès de la Grande-Bretagne, pag. 262.

5.   Décret du 7 mai 1810.

6.   Progrès de la Grande-Bretagne, pag. 321.

7.   Nous devons à un citoyen des États-Unis le métier à filer le plus généralement en usage dans le Lancashire (Porter, 318).

8.   Ce rapprochement des appareils est peut-être le plus grand pas que l'Angleterre ait fait faire à la filature mécanique. Non seulement il lui a permis d'employer l'eau chaude, et par là de filer les numéros élevés, mais il l'a conduite à travailler les étoupes ; car les étoupes, dont le brin est naturellement toujours court, ne pouvaient se filer avec des appareils si distants l'un de l'autre. Mais les anciens filateurs français avaient jugé nécessaire de conserver les filaments du lin dans leur longueur, tandis que, dans le système à l'eau chaude, tel qu'il se pratique aujourd'hui, si on obtient par le rapprochement des appareils un étirage plus régulier, ce n'est aussi qu'en brisant les filaments.

9.   Il y a d'autres machines à peigner, et nous les avons nommées plus haut ; mais elles ne nous semblent pas soutenir la comparaison avec celle-ci. On reproche pourtant a la peigneuse de MM. de Girard et Decoster deux choses : 1° qu'elle est trop

chère ; 2° qu'elle donne de mauvaises étoupes. L'inconvénient de la cherté est réel ; mais il nous semble largement compensé par le service. Quant au reproche de donner de mauvaises étoupes, nous le comprenons sans l'admettre. Si les étoupes sont mauvaises, c'est qu'on n'emploie qu'une seule peigneuse, ou, pour mieux dire, un seul encadrement de peignes. De cette façon, les fines aiguilles succédant trop vite aux grosses, la transition étant trop brusque, le lin s'arrache, il se forme des nœuds, et les nœuds sont la peste des étoupes. Mais employez plusieurs encadrements, de manière que la gradation soit observée, et cet inconvénient disparaîtra. Il est vrai que cela ne convient qu'aux grands établissements ; mais c'est une des conditions de la prospérité de cette industrie, que les établissements se forment sur une grande échelle.

10.   Aujourd'hui même cela se renouvelle quelquefois dans certaines filatures an glaises, où l'on ne fait pas usage de la peigneuse dont nous avons parlé. On y regarde peut-être moins, parce qu'on a le moyen de travailler les étoupes ; mais ce grand déchet n'en est pas moins un mal, car, outre que les fils d'étoupes ne valent jamais absolument les autres, et ne se vendent pas aussi cher, il y a toujours un nouveau déchet fort considérable dans le travail des cardes.

11.   Enquête. Séance du 5 juin 1838.

12.   Dictionnaire du Commerce et des Marchandises, article Lin, par M. J. Mignot.

13.   Porter, Progrès de la Grande-Bretagne, et Mac-Culloch, Dictionnaire commercial, édition de 1834.

14.   La France, qui ne recevait encore, en 1812, que 6,343,230 kil. de coton en laine, et en 1815, 16 millions, en reçoit aujourd'hui plus de 50 millions. Les États-Unis en fournissent les 4/5e.

15.   M. le ministre des finances disait, il y a quelques jours, à la chambre des pairs, en se fondant sur quelques faits plus récents, que la somme de nos exportations pour l'Angleterre, en lin brut, tend à s'accroître d'une manière sensible. Nous croyons que M. le ministre se trompe, et nous essaierons de le prouver.

Dernière partie[1]

Pendant que l'industrie du lin et du chanvre, si nouvelle pour l'Angleterre, y prenait tout à coup, grâce au progrès des inventions mécaniques, un développement si prodigieux, elle marchait en France, par le contre-coup des mêmes évènements, vers une décadence rapide. Nous avons suivi ses progrès en Angleterre. Voyons-la maintenant décliner en France, pour assister ensuite au travail de sa régénération.

On sait déjà qu'elle était pour nous l'ancienne importance de cette industrie. On jugera par les chiffres suivants de celle qu'elle a conservée jusqu'à nos jours. Bien que nous manquions à cet égard de documents statistiques irrécusables, on peut croire, d'après des évaluations approximatives qui ne paraissent pas exagérées, que la culture du lin et du chanvre emploie annuellement en France 180,000 hectares de terre, dont environ 12.5,000 en chanvre et 55,000 en lin. Le produit brut de cette culture peut s'estimer à 175,000.000 fr. ; savoir, 144 millions pour la valeur des tiges, et 31 millions pour les graines ; à quoi les travaux agricoles, c'est-à-dire les préparations dont les et cultivateurs se chargent, telles, par exemple, que le rouissage et le teillage, travaux qui sont à peu près les mêmes pour les deux plantes, ajoutent une valeur de 115,000,000 fr. On suppose, en outre, et ici l'évaluation nous paraît trop modérée, que l'industrie par la filature et le tissage triple la valeur des matières brutes, et procure ainsi environ 300 millions de main d'œuvre, outre les 115 millions de travaux agricoles. En réunissant ces chiffres, on arrive à un total de 590 millions ; et encore a-t-on négligé d'y comprendre certaines fabrications accessoires qui s'exécutent dans les campagnes.

Il faut le dire, cette grande industrie languissait en France depuis vingt ans à côté de l'industrie cotonnière qui s'étendait de jour en jour. La consommation du coton s'est accrue parmi nous depuis l'empire avec une grande rapidité. Dans les vingt dernières années surtout, le coton a été appliqué à tous les usages qui autrefois réclamaient le fil de lin. Il s'est emparé de tous les genres de tissus, depuis la dentelle jusqu'à la toile à voiles. On fait aujourd'hui, avec du coton, pour 3 fr. 50 c. de gros linons pour modes qu'on ne peut

Charles Coquelin

établir en lin qu'à 9 ou 10 francs. Dans tout l'arrondissement de Saint-Quentin, arrondissement si manufacturier, la fabrication des batistes a été remplacée par celle des jaconas, qui les imitent. Partout les tissus de coton ont chassé les tissus de lin ; et cela devait être, puisqu'on substituait une matière qui, dans l'Inde, vaut 3 sous la livre, et qui se filait à la mécanique, à une matière qui vaut chez nous 20 sous la livre, et que l'on filait à la quenouille. L'industrie linière était donc fort loin d'être en progrès. Cependant elle se soutenait encore tant bien que mal, grâce à d'anciennes habitudes prises et à la supériorité réelle de ses produits. Mais l'importation des fils et des tissus anglais similaires est venue lui porter dans ces dernières années un coup plus direct et plus sensible.

Nous avons dit que c'était vers 1830 que la filature anglaise avait commencé à sentir le besoin d'exporter ses produits : c'est dans le même temps que l'importation a commencé à se faire sentir en France. Jusque-là, la France n'avait guère tiré de fils que de la Belgique, de la Prusse et de quelques autres parties de l'Allemagne ; mais la moyenne de ces importations, prise sur treize années à partir de 1825, ne s'élevait guère, pour la Belgique, qu'à 748,000 kilogr., pour la Prusse à 70,000, et pour le reste de l'Allemagne à 163,000 ; quantités peu considérables relativement à la consommation totale, qui étaient d'ailleurs à peu près uniformes, et qu'on était accoutumé à recevoir depuis longtemps. Au contraire, du jour où l'importation anglaise commença, elle s'accrut suivant une progression rapide, et elle ne tarda pas à surpasser de beaucoup celle de tous les autres pays réunis. On en jugera par le tableau suivant.

FRANCE
Fils de lin et de chanvre
IMPORTATIONS

	Pays de Provenance		
ANNÉES	BELGIQUE	ANGLETERRE	TOTAL [2].
	Kilogrammes	Kilogrammes	Kilogrammes
1825	826,759	161	983,031

1826	794.,101	1,151	933,286
1827	862,645	42	1,010,814
1828	926,008	455	1,092,279
1829	768,746	524	934,206
1830	831,243	3,019	1,018,309
1831	676,655	14,532	795,217
1832	688,125	56,478	860,498
1833	824,782	418,383	1,423,324
1834	714,591	826,439	1,731,715
1835	651,749	1,295,593	2,126,652
1836	635,690	1,901,074	2,746,767
1837	541,950	3,199,917	3,919,783

On voit que l'importation des fils anglais, qui était à peu près nulle avant 1830, s'est élevée rapidement, de la quantité de 3,049 kilogrammes, où elle était encore dans cette dernière année, à celle de 3,199,917 kil., où elle est arrivée en 1837, c'est-à-dire qu'elle a été centuplée dans ce court espace de sept ans. Mais la progression a été encore plus étonnante pour l'année 1838 ; car, quoique les relevés de la douane pour 1838 n'aient pas encore été publiés, on sait déjà que l'importation s'est élevée à plus de 6,000,000 kil. A ce compte, on peut bien dire, avec les délégués de l'industrie linière, que si rien n'arrête cette progression, les fils anglais envahiront, avant peu, la France entière, et mettront l'industrie nationale au néant. Il est vrai que, pendant que l'importation anglaise augmente, celle de la Belgique paraît tendre à diminuer de jour en jour, et c'est pour rendre ce fait sensible que nous avons cru devoir consacrer à l'importation belge une colonne du tableau qui précède ; mais l'inspection seule des totaux fait voir que cette diminution d'un côté est loin de compenser la prodigieuse augmentation qui se manifeste de l'autre.

L'importation des toiles anglaises n'a pas suivi, à beaucoup près, une progression aussi rapide que celle des fils, et cette différence s'explique. Le tissage mécanique est loin d'avoir fait, en Angleterre, les mêmes progrès que la filature. En ce moment, il n'offre pas encore des avantages bien marqués sur le tissage à la main. Plusieurs

Charles Coquelin

industriels, assez bons juges en cette matière, affirment même que ce dernier l'emporte en bien des cas sur l'autre, tant pour l'économie du travail que pour la perfection des produits. Ajoutez à cela que les tisserands français ont une habileté reconnue depuis longtemps. Ils savent varier leurs toiles à : l'infini, ce que la mécanique ne peut faire, et leur imprimer un certain cachet qui leur fait accorder la préférence, même à finesse égale. Ils ont su, d'ailleurs, dès les premiers temps de l'importation anglaise, adopter les fils mécaniques, dont la régularité a singulièrement facilité leur travail, ce qui leur a permis de vendre moins cher leurs produits. Malgré cela, on verra par le tableau suivant que les toiles anglaises n'ont pas laissé de se répandre de plus en plus sur nos marchés.

FRANCE
Toiles de lin et de chanvre
IMPORTATIONS

Années	Toiles écrus anglaises.	Toiles écrus - Total pour tout les pays.	Toiles blanches anglaises.	Toiles blanches - Total pour tout les pays.
1825	340	4,502,310	669	131,990
1826	257	4,058,206	4,333	115,900
1827	371	4,092,803	623	71,055
1828	1,412	4,130,907	933	97,397
1829	996	3,825,534	344	80,890
1830	1,560	3,612,299	337	69,830
1831	3,446	2,998,028	229	37,411
1832	2,097	3,071,615	1,134	75,187
1833	2,550	3,830,969	626	87,761
1831	6,802	3,830.920	2,713	93,358
1835	8,976	3,844,190	4,255	64,166
1836	71,204	4,906,910	12,726	111,085

1837	333,103	4,409,989	142,375	228,723
1838 8le mois.	»	3,218,970	»	437,319

Comme, dans l'ordre des travaux qui mettent en œuvre le lin et le chanvre, le tissage ne vient qu'après la filature, il était naturel que le tissage mécanique ne suivît qu'à distance les progrès de la filature mécanique. Voilà peut-être ce qui explique le mieux comment l'importation des toiles anglaises est encore si loin d'égaler celle des fils. Mais, si l'on en juge par les derniers chiffres du tableau qui précède, chiffres qui ont été bien dépassés en 1838 [3], les toiles viennent à leur tour, et rien n'empêche de croire que, dans peu d'années, on les verra se substituer avec la même abondance à nos produits. Il y a deux ou trois ans, un grand nombre de fabricants de toiles, voyant combien l'emploi des fils mécaniques favorisait le tissage, s'étaient persuadé que l'importation anglaise, si fatale à nos fileurs, leur était favorable à eux-mêmes, et ils s'étaient bercés de l'espoir de voir leur industrie particulière grandir et s'élever sur les ruines de la filature ; aussi s'opposaient-ils avec force à tout changement dans les tarifs : mais les derniers relevés de la douane les ont convaincus de leur erreur. Ils ont reconnu que les deux branches de l'industrie linière étaient également en péril. Depuis lors, la plupart d'entre eux ont joint leurs réclamations à celles de nos fileurs.

Ce qu'il y a d'étrange, c'est que le développement inouï de l'industrie anglaise n'ait pas tourné même au profit de notre agriculture. On aurait pu croire que les besoins croissants de sa fabrication auraient forcé l'Angleterre à venir s'approvisionner chez nous des matières brutes que notre sol fournit avec tant d'abondance. Quelques écrivains ont supposé qu'il en devait être ainsi, et, partant de cette supposition comme d'un fait, ils ont affirmé que la vente plus active des matières premières nous dédommageait, à certains égards, de la perte de notre industrie. C'est le contraire qui est arrivé, et le tableau suivant mettra cette vérité en évidence.

Charles Coquelin

FRANCE
Lin teillé et étoupes de LIN.
EXPORTATIONS

ANNEES	PAYS DE DESTINATION ANGLETERRE	AUTRES PAYS	TOTAL
	Kilogrammes	Kilogrammes	Kilogrammes
1825	2,172,671	162,436	2,635,107
1826	137,681	123,440	261,121
1827	578,674	96,365	675,039
1828	1,803,698	64,183	1,867,881
1829	1,151,237	138,476	1,289,713
1830	1,247,581	107,518	1,355,099
1831	2,033,391	77,102	2,110,496
1832	1,225,877	59,539	1,285,416
1833	1,175,510	235,876	1,411,386
1834	287,882	144,209	432,091
1835	600,142	129,840	729,982
1836	944,571	278,763	1,223,334
1837	535,455	186,796	722,251
Moyenne	1,091,875	138,811	1,230,686

Ce qui frappe d'abord dans ce tableau, ce sont les extrêmes inégalités qui se remarquent d'une année à l'autre, inégalités telles qu'il semble impossible d'établir aucune progression. C'est que les récoltes en lin sont très variables, et que leur abondance influe beaucoup sur les exportations. Mais, en somme, on voit bien que l'écoulement de nos lins bruts, particulièrement pour l'Angleterre, a diminué au lieu d'augmenter. L'exportation de 1837 ne dépasse guère la moitié de la moyenne de treize années. Il en est de même pour les chanvres ; car la moyenne de nos exportations pour l'Angleterre est de 8,126 kilog., et celle de 1837 n'a été que de 246 kilog. Nous savons bien qu'en pareille matière il ne faut pas considérer les résultats d'une année seulement : mais si, dans le tableau qui précède, on prend la moyenne des dernières années, et qu'on la compare à celle d'un nombre égal d'années antérieures, on trouve une diminution notable. Il y a donc, en effet, une progression descendante. Ainsi se trouve établie, malgré les assertions contraires, cette vérité, qu'à mesure que l'Angleterre augmente sa consommation en matières brutes, ses achats en France diminuent. Au reste, ce phénomène, qui paraît étrange au premier abord, a son explication toute naturelle dans les faits. La France produit, en effet, le lin et le chanvre en abondance, mais elle ne les produit pas à bon marché à cet égard la Russie l'emporte de beaucoup sur elle. D'autre part, nos lins sont, à la vérité, d'une qualité généralement supérieure à celle des lins russes, et ceux que nous récoltons particulièrement dans quelques cantons du département du Nord et de la Normandie, se recommandent par une finesse dont ces derniers n'approchent pas. Mais sur ce point nous sommes encore vaincus par les Hollandais et les Belges, qui produisent les qualités supérieures plus couramment que nous. De là vient que l'Angleterre s'adresse pour les lins communs à la Russie, et pour les lins fins à la Hollande et à la Belgique. La France ne vient là que comme un pis-aller, et on n'a guère recours à elle que lorsque ailleurs la récolte fait défaut.

Les résultats de l'année dernière et ceux des premiers mois de cette année semblent pourtant infirmer cette assertion, et c'est en ce sens qu'ils ont été produits par M. le ministre des finances dans une discussion qui a eu lieu tout récemment à la chambre des pairs, à propos de quelques pétitions. Selon M. le ministre, quand on invoque l'intérêt de l'agriculture dans la question des lins, on s'appuie sur des faits déjà vieillis, et les derniers résultats prouvent, au contraire, que l'Angleterre se décide enfin à s'approvisionner en France des matières brutes qu'elle met en œuvre. C'est ce qu'il faut examiner.

Notre exportation en lin s'est élevée, en 1838, à un peu plus de 1,800,000 kil. Si l'on compare ce chiffre, comme l'a fait M. Passy, à celui de notre exportation en 1837, on trouve, en effet, une augmentation notable, et, en considérant cette augmentation comme le commencement d'une progression régulièrement ascendante, on sera porté à en tirer des inductions très favorables pour l'avenir. Mais ce n'est pas ainsi qu'il faut l'envisager. En pareille matière, il

Charles Coquelin

ne suffit pas de comparer une année à l'autre ; il faut étendre son observation sur une succession d'années ; et alors que trouve-t-on ? Cette augmentation qui s'est manifestée en 1838, au lieu de se montrer comme le commencement d'une progression suivie, n'apparaît plus que comme une de ces variations accidentelles que nous avons signalées tout à l'heure et dont la cause est dans l'inégalité des récoltes. Ce qu'il y a de remarquable, c'est que cette exportation de 1838, que l'on présente comme un symptôme de progrès, est inférieure à celle de 1825, époque où la filature mécanique ne faisait que débuter en Angleterre ; qu'elle est inférieure encore à celle de 1831, époque où l'importation des fils anglais a commencé à se faire sentir en France. Mais, sans insister sur les rapprochements particuliers, on peut faire une comparaison plus décisive. Le tableau qui précède comprend treize années ; en y joignant 1838, on en trouve quatorze, qui peuvent se diviser en deux périodes de sept années chacune. Eh bien ! dans la première de ces périodes, la moyenne de nos exportations pour l'Angleterre est de 1,346,408 kilog., et dans la seconde, qui comprend 1838, cette moyenne n'est plus que de 938,490 kilog. ; tant il est vrai que le fait particulier de 1838 ne prouve rien, et qu'en somme nos exportations pour l'Angleterre tendent plutôt à diminuer qu'à augmenter.

Mais en allègue l'exportation des quatre premiers mois de 1839, qui sort en effet des limites ordinaires : dans ces quatre mois, l'Angleterre a tiré de la France environ 1,600,000 kilog. de matières brutes ; quantité qui surpasse déjà la moyenne générale. C'est sur ce chiffre que M. Passy triomphe. Nous ne prétendons pas nier la valeur du fait ; mais il ne faut pas l'exagérer. Il faut envisager d'abord ses conséquences.

De ce que l'exportation s'est élevée pour les quatre premiers mois de 1839 à 1,600,000 kilog., M. Passy conclut qu'elle s'élèvera pour l'année entière à 5 millions. C'est à notre avis une conséquence bien hasardée. Il n'en est pas des produits agricoles comme des produits manufacturés : l'exportation de ces derniers suit ordinairement une marche assez régulière, en sorte que, sauf le cas d'une crise commerciale, les résultats obtenus dans les premiers mois d'une année peuvent servir de base pour calculer approximativement ceux de l'année entière. Mais il en est autrement des produits agricoles, et surtout d'un produit aussi variable que le lin. Ici, les accidents des récoltes déjouent tous les calculs, et il ne faut pas oublier d'ailleurs que l'année agricole ne coïncide pas avec l'année administrative.

Cela posé, deux observations bien simples suffiront pour faire comprendre à M. le ministre des finances qu'il s'est trop avancé.

Supposons d'abord qu'il soit vrai de dire, comme nous l'avons fait précédemment, que les Anglais n'ont recours à nos lins qu'à défaut des lins russes, il faudrait voir alors si en effet la récolte de la Russie a manqué, et comment son insuffisance a pu influer sur nos ventes. Suivant des lettres écrites de Riga, et datées du commencement de septembre 1838, la récolte de cette année se présentait comme abondante et de belle qualité ; mais ce n'est pas la récolte de 1838 qui a pu influer sur les achats effectués en France durant l'hiver dernier. En effet, les lins d'une récolte n'arrivent de l'intérieur de la Russie à Riga, à Saint-Pétersbourg et dans les autres ports de la Baltique, que vers la fin de septembre, c'est-à-dire en automne. Il faut alors leur faire subir les préparations qu'ils reçoivent sur les lieux : le rouissage, le teillage et quelquefois même le peignage. Durant le cours de ces opérations, l'hiver survient, et la Baltique cesse d'être navigable jusqu'au mois de mai. Il s'expédie donc fort peu de ces lins avant l'hiver, et la plus grande partie est réservée jusqu'au mois de mai de l'année suivante, c'est-à-dire à la réouverture de la navigation. Le mouvement des achats durant l'hiver dernier, en France, a donc été déterminé par l'importance de la récolte russe de 1837. Eh bien ! il est précisément arrivé que cette récolte n'a pas suffi aux besoins ; car, aux mois de juillet et d'août 1838, les lins étaient, à Riga et à Saint-Pétersbourg, plus rares et plus chers qu'à aucune autre époque. Voilà ce qui fait que la demande s'est accidentellement portée en France durant l'hiver dernier ; mais si ces données sont exactes, et il est facile de s'en assurer [4], l'abondante récolte de 1838 venant à être expédiée des ports russes aux mois de niai et de juin 1839, les achats, en France, ont dû s'arrêter tout à coup. En sorte que les prévisions favorables de M. le ministre des finances, prévisions fondées sur le résultat des quatre premiers mois de l'année, auraient été déjà démenties par l'évènement au moment même où il les exprimait.

Il est une autre observation à faire, et, pour vérifier l'exactitude de celle-ci, il n'est pas besoin de sortir de France. En France même, les achats et les ventes de lin ne se continuent pas uniformément

Charles Coquelin

durant l'année entière. D'ordinaire, nos cultivateurs sont occupés jusqu'à l'automne avec les récoltes et les semailles ; c'est alors qu'ils commencent à faire subir au lin et au chanvre les préparations qui s'exécutent sur les champs, le rouissage et le teillage. Ce travail les conduit ordinairement jusqu'au milieu de l'hiver, c'est-à-dire vers la fin de décembre ou le commencement de janvier ; c'est alors, et alors seulement, qu'ils vont porter leurs lins au marché. Dès ce moment les offres se multiplient, parce que les paysans sont toujours pressés de vendre, et, pourvu que la demande y réponde, la marchandise s'écoule rapidement. Pendant les mois de janvier, février, mars et même avril, les transactions s'activent ; au mois de mai, tout est fini, la récolte est écoulée et les ventes s'arrêtent. Ce qui reste encore est peu de chose, et les ventes qui ont lieu dans le reste de l'année ne s'élèvent pas ordinairement à plus du sixième de celles qui se consomment pendant les premiers mois. Il n'est donc pas exact de dire que les 1,600,000 kilog. vendus dans ces quatre premiers mois de l'année annoncent, pour l'année entière, une vente de 5 millions, et l'on serait mieux fondé à croire que cette vente ne s'élèvera pas à plus de 2 millions, c'est-à-dire qu'elle ne dépassera pas encore celles de 1825 et de 1831.

Mais notre exportation de 1839 s'élevât-elle en effet à 5 millions de kilog., nous ne verrions encore là qu'un fait isolé, accidentel, qui ne détruirait pas des calculs basés sur les résultats de quatorze années. C'est peu de chose, après tout, que 5 millions de kilo. de lins bruts ; la France en reçoit elle-même tout autant année moyenne. Le seul port de Riga en a expédié pour 27 millions en 1838. Il y a tel filateur, à Leeds, qui en consomme à lui seul 4 ou 5 millions par an. Pour déterminer accidentellement, en notre faveur, une exportation d'une si faible importance, il suffirait donc que cinq ou six de ces filateurs, voulant influer sur la détermination que le gouvernement français est sur le point de prendre à l'égard de l'industrie du lin, et sachant combien les intérêts de l'agriculture doivent peser dans la balance, se fussent entendus, et la supposition ne paraîtra pas invraisemblable à ceux qui connaissent l'esprit anglais, pour effectuer chacun, pendant quelque temps, une petite partie de leurs achats en France. Répétons-le d'ailleurs, 5 millions de kilo. de lin brut sont si peu de chose, relativement à la consommation totale de l'Angleterre, que la moindre circonstance qui soit venue troubler le cours ordinaire des choses a pu suffire pour déterminer par hasard une semblable demande, sans qu'on puisse en tirer aucune induction pour l'avenir. C'est la tendance générale qu'il faut considérer, et cette tendance, constatée par une succession imposante de faits, est évidemment à la décroissance de nos exportations.

Ainsi, toutes les branches de notre industrie linière sont attaquées à la fois. Sous la forme de fils ou de toiles, l'Angleterre nous apporte des matières étrangères qui suppriment d'un seul coup les travaux de nos cultivateurs, de nos filateurs et de nos tisserands. La culture, la filature et le tissage sont menacés d'une ruine commune, tant il est vrai que pour nous ces trois industries sont solidaires, et que la prospérité de l'une est intimement liée à la prospérité de l'autre.

On se ferait difficilement une idée du trouble et du désordre causés dans nos campagnes par cette invasion soudaine des produits étrangers. C'est, en effet, dans les campagnes que la perturbation s'est manifestée, puisque c'était là que notre industrie s'exerçait, et voilà pourquoi, sans doute, les habitants des villes n'en ont été d'abord que médiocrement émus. On a vu tout à coup les occupations suspendues, la vie comme arrêtée, et les routes couvertes de malheureux manquant de travail et de pain. Il est vrai que le mal ne s'est pas fait sentir partout avec une force égale. Il a sévi avec plus ou moins de rigueur, selon les directions que l'importation anglaise a prises, comme aussi selon la nature des fils et des toiles que l'on avait coutume de fabriquer. Quelques cantons ont été respectés ; mais ailleurs la misère a été portée en peu de temps à ses dernières limites.

Il résulte d'un tableau que nous avons sous les yeux, tableau fourni par M. Bande, alors député, que, dans les environs de Roanne, le nombre des fileuses, qui était en 1835 de 25,300, n'était plus, en 1837, que de 5,040 ; que la quantité de lin filé, qui était de 632,500 kilog. dans la première de ces deux années, était tombée à 180,600 kilog. dans la seconde ; enfin qu'il y avait eu dans cet intervalle une baisse de 8 pour 100 sur la matière première, et de 30 pour 100 sur la main d'œuvre. Au rapport de M. Haret, délégué du département de l'Aisne, les récoltes, dans une partie de ce département, demeuraient invendues et les greniers s'encombraient. Dans le même temps, si l'on en croit M. Boudin-Devergers, le lin avait subi une baisse de 45 pour 100 dans le département de l'Eure. En beaucoup d'endroits, le salaire des fileuses était tombé de 7 ou 8 sous à 4 et même à 2 sous par jour. Ailleurs, les femmes, ne trouvant plus même d'ouvrage à ces misérables conditions, se voyaient réduites à aller ramasser des pierres sur les routes. On sait, d'ailleurs, car ce fait, plus frappant, mais non plus grave que tant d'autres, a été rapporté dans plusieurs journaux, que la petite ville de Moncontour, qui ne vit que de l'industrie du lin, a déclaré, dans une pétition à la chambre des députés, que, sur 1,800 habitants auxquels cette industrie donnait jadis du pain, 1,100 étaient déjà réduits, sur la fin de 1838, à implorer la charité publique.

Il serait inutile autant qu'affligeant de s'appesantir sur les détails de ces calamités ; mais on nous pardonnera peut-être de rapporter un trait naïf, qui peint tout à la fois la détresse de nos campagnes, et le trouble où nos paysans sont jetés par la puissance inconnue qui les atteint. Nous empruntons ce trait à la déposition de M. Le Saulnier Saint-Jouan, membre du conseil-général des Côtes du Nord. « Dernièrement, dit-il, j'étais à la chasse, lorsque, passant devant une ferme, je fus appelé par des fileuses qui se tenaient dans une étable dont la chaleur leur permettait de travailler à leur aise. L'une d'elles me dit : « Est-il vrai, monsieur le maire, que la *mère conique*, cette femme qui file sept *doites* [5] à la fois, va venir ici ? Nous ne serons pas *entreprises* si nous l'étranglons, puisqu'elle vient manger le pain de nous et de nos enfans ; n'est-ce pas ? »

Au reste, l'importation anglaise n'a pas seulement moissonné nos fileurs à la main. Du même coup elle a fait disparaître ce que nous possédions de filatures mécaniques montées suivant l'ancien système. Il y en avait un certain nombre en 1830 et dans les années suivantes, ce qui confirme ce que nous avons dit précédemment : elles commençaient même à prospérer, et promettaient de meilleurs résultats dans un avenir prochain ; mais l'invasion des fils anglais les a détruites pour la plupart, avant même qu'elles aient pu renouveler leurs procédés. Voici ce que rapportait à cet égard, en 1836, un écrivain digne de foi. « En 1831, la France possédait trente-sept filatures de lin à la mécanique : Lille seule en renfermait douze. Situées au centre de la production de la matière première, ces douze machines à filer donnaient des résultats, sinon brillants, au moins assez satisfaisants pour encourager les efforts et les sacrifices qu'exigeait le perfectionnement d'une industrie naissante ; mais bientôt cet état prospère fut troublé par l'invasion des produits des filatures anglaises, de telle sorte qu'aujourd'hui quinze à seize de ces établissements subsistent à peine dans toute la France : il en reste huit à Lille [6]. »

Cependant, tandis que l'Angleterre l'attaquait ainsi chaque année avec un redoublement de vigueur dans une de ses industries les plus vitales, la France ne s'abandonnait pas elle-même, et travaillait en sous-main à réparer ses pertes.

A peine le système des machines anglaises était-il arrivé à sa dernière perfection, que des manufacturiers français conçurent le dessein de dérober ces précieux instruments à leurs heureux possesseurs. L'entreprise, quoi qu'en ait dit M. Porter, n'était pas d'une exécution facile. On sait avec quel soin jaloux les fabricants anglais veillent à la conservation des machines qui sont de nature à leur assurer quelque avantage sur leurs rivaux. C'est, en effet, un trait particulier des mœurs anglaises, et qui caractérise assez bien le génie industriel de ce pays, que lorsqu'un procédé mécanique est inventé, tous les fabricants qui le mettent en œuvre, s'entendent, par une convention tacite, mais inviolable, pour en dérober la connaissance, pour en interdire jusqu'à l'abord aux étrangers. Le gouvernement, loin de contrarier cette disposition, la favorise. La législation elle-même lui vient en aide, comme on l'a vu, en prohibant l'exportation des machines, et cette loi de non-exportation est sévère, car elle punit les infracteurs d'une amende de 5000 francs et d'un an de prison. Elle s'exécute, d'ailleurs, avec une ponctualité plus qu'ordinaire, parce que tout le monde s'intéresse à son maintien. Au reste, la conservation des machines propres à filer le lin a été pour les fabricants anglais l'objet d'une sollicitude particulière, et c'est ainsi que, dès l'année 1833, époque où les premières tentatives d'exportation ont été faites, ils ont organisé à leurs propres frais une contre-ligne de douanes destinée à fortifier le service de l'autre. Il n'était assurément pas facile de traverser ce double réseau. Mais de quels obstacles ne triomphe pas une volonté persévérante ? Si la surveillance des fabricants anglais était inquiète, la poursuite de leurs rivaux était ardente, infatigable.

C'est dans l'année 1835 que la première exportation fut consommée. Deux de nos plus habiles manufacturiers partagèrent l'honneur de cette expédition : ce sont MM. Scrive et Feray, qui tous deux installèrent les machines nouvellement conquises dans de vastes établissements qu'ils possédaient, le premier à Lille, l'autre à Essonne. Les démarches qu'ils avaient faites remontent à une époque plus reculée, à l'année 1833 : mais il n'avait pas fallu moins de deux ans pour mener à fin cette œuvre délicate, tant il est vrai qu'elle était entourée d'autant de difficultés que de périls. Il avait fallu expédier ces machines pièce à pièce à des destinations diverses, et par des ports différents, pour les réunir ensuite sur un point donné. Que l'on juge des dépenses qu'une telle opération entraînait, et du travail qu'elle avait exigé. La seule prime de contrebande, sans compter les autres frais, s'était élevée à 70 ou 80 pour 100 ; ce qui donne la mesure des risques courus. Dans la suite, elle s'est quelquefois élevée à plus de 100 pour 100. Des deux manufacturiers que nous venons de nommer, M. Scrive entra le premier en possession de ses machines ; aussi obtint-il, à titre de premier importateur, l'exemption des droits à l'entrée en France : faible dédommagement de tant d'autres frais.

Un peu plus tard, M. Vayson ; fabricant de tapis à Abbeville, parvint aussi à rapporter d'Angleterre quelques métiers, non dans le but d'établir une filature, mais afin de pouvoir, à l'exemple des Anglais, former les chaînes de ses tapis avec des fils d'étoupes. Ces machines, qu'il avait payées en partie d'avance, lui arrivèrent, après une longue attente, chargées d'un surcroît de frais de 130 pour 100. Après lui, vinrent MM. Malo et Dickson, de Dunkerque. Il paraît que ces derniers importateurs avaient fait leurs premières démarches dès l'année 1832, c'est-à-dire avant tous les autres ; mais, soit que ces démarches aient été moins actives, ou que des circonstances particulières aient retardé leur succès, elles n'eurent d'effet que beaucoup plus tard, et MM. Malo et Dickson ne commencèrent à obtenir des produits qu'en 1837. Quelques autres encore suivirent ces exemples avec des succès divers.

Ainsi peu à peu les machines anglaises s'introduisaient en France, et notre industrie, toujours battue en brèche, commençait du moins à entrevoir l'espoir d'une résurrection prochaine. Il faut le dire toutefois, ces importations partielles, quelque précieuses qu'elles fussent, avaient des avantages bornés. Elles ne profitaient qu'à un petit nombre de manufactures, sans aucun espoir d'extension ; car nos premiers importateurs, suivant en cela l'exemple des fabricants anglais, s'étaient imposé la loi de n'admettre personne au partage de leurs conquêtes. Deux d'entre eux, MM. Scrive et Feray, avaient même adjoint à leurs filatures des ateliers de mécanique, où ils essayaient de construire ces machines pour leur usage particulier, interdisant l'entrée de leurs établissements à tous les visiteurs. Qui pourrait les en blâmer ? La possession de ces instruments nouveaux était le fruit de leurs soins, de leurs travaux et de leurs sacrifices, et elle leur avait coûté assez cher pour qu'ils songeassent à s'en réserver l'exploitation. Si le pays avait eu quelque chose à leur demander, t'eût été peut-être de communiquer leurs modèles, avec certaines conditions, à des hommes capables de s'en servir utilement dans l'intérêt de notre industrie, comme le fit ensuite M. Vayson, mais non de les montrer au hasard, et encore moins de les étaler, comme on le fait aujourd'hui, dans une exposition publique. En les dérobant aux regards, ils étaient donc dans la raison comme dans leur droit. Toujours est-il que le système anglais ne franchissait pas l'enceinte de leurs manufactures. Aux conditions où ils se l'étaient approprié, il était même difficile que ce système se propageât parmi nous ; car, quelle apparence de renouveler pour un grand nombre d'établissements, et tous les jours, ces expéditions aventureuses que nous venons de rappeler ? Disons mieux, des établissements ainsi formés se seraient trouvés dans des conditions trop désavantageuses pour l'avenir, puisqu'ils auraient dû, ou posséder chacun des ateliers spéciaux de mécanique, méthode onéreuse et même impraticable, ou recourir sans cesse à l'Angleterre, soit pour réparer, soit pour renouveler leurs instruments. Pour que l'usage de ces instruments se généralisât en France, il fallait donc qu'un mécanicien habile s'en emparât. Cette tâche fut remplie par M. Decoster, que nous avons déjà nommé, et auquel revient, en définitive, l'honneur d'avoir naturalisé en France le système anglais de la filature du lin.

M. Decoster partit pour l'Angleterre en 1834, déjà recommandable, à cette époque, par de nombreux travaux en mécanique et par d'ingénieuses inventions. Il portait avec lui cette peigneuse, de l'invention de M. de Girard, mais qu'il avait, lui, perfectionnée et qu'il devait perfectionner encore. Le but avoué de son voyage était de trouver, de l'autre côté du détroit, l'emploi de cette machine, qui n'avait guère jusque-là son application en France ; mais, dans le fond, il nourrissait une autre pensée, celle d'enlever aux Anglais, en échange de la peigneuse ; le système entier de leurs mécaniques. Parti sous les auspices d'un riche négociant anglais, il visita d'abord les principaux centres de la manufacture ; puis il alla se fixer à Leeds, Leeds le centre par excellence, tant de la construction des machines que de la filature du lin. C'est là que, par un privilège spécial, M. Decoster se vit admis en peu de temps, non-seulement à visiter, mais même à fréquenter assiduement la plupart des ateliers de construction et les principales filatures : la peigneuse qu'il portait avec lui, et dont on apprécia le mérite, fut le talisman qui lui ouvrit toutes les portes. Grâce à cette ingénieuse machine, il pénétra partout ; avantage inappréciable, que nul autre, ni avant ni depuis, n'a obtenu au même degré, et dont il sut tirer un merveilleux parti.

Dès-lors il s'appliqua à étudier, à comparer et à juger tous ces appareils ingénieux avec leurs modifications et leurs combinaisons diverses, tantôt dans les ateliers de construction où ils se confectionnaient, tantôt dans les manufactures où ils fonctionnaient, et sous les yeux même des fabricants. Durant un séjour de dix-huit mois, il n'eut pas d'autre pensée ni d'autre but, et il le poursuivit avec une persévérance infatigable. Si l'espace ne nous manquait, nous raconterions les curieux détails de cette longue exploration, et nous le ferions avec d'autant plus de plaisir qu'on y verrait l'exemple trop rare d'un beau dévouement à une pensée féconde ; mais nous sommes contraint de nous borner. Au surplus, les travaux de M. Decoster ne se sont point arrêtés là, et l'on jugera bientôt de leur valeur par les résultats qu'ils ont produits. Contentons-nous de dire ici que, malgré les obstacles que lui opposait encore la susceptibilité inquiète des fabricants, il parvint, grâce à une attention soutenue et à une recherche ardente, à pénétrer jusqu'au dernier tous les mystères de la fabrication anglaise.

De retour en France à la fin de 1835, il songea aussitôt à mettre à profit les études qu'il avait faites. Alors un premier atelier de construction se forma dans l'enceinte même de Paris. On peut dire que, dès cette époque, la France entrait vraiment en possession de l'industrie nouvelle. Tous les secrets en étaient connus. Son établissement définitif n'était plus qu'une question de temps. Cependant il restait encore de grandes difficultés à vaincre. Que de pièces qu'on ne savait pas confectionner en France, parce que les outils manquaient ! Et quel moyen de pourvoir à tout au milieu du travail d'une première formation ? Les ouvriers même n'étaient pas encore formés ; car, bien qu'on se trompe assurément en donnant sans cesse le pas aux ouvriers anglais sur les nôtres, et qu'il ne manque à ceux-ci que d'être bien dirigés pour surpasser, même dans la mécanique, leurs rivaux d'outre-mer, il est certain qu'il leur fallait un temps d'épreuve pour se former à cette construction si nouvelle pour eux. Il faut dire aussi que l'atelier de M. Decoster était alors insuffisant pour son objet, et qu'avec toutes les connaissances nécessaires pour confectionner les machines, l'habile ; mécanicien ne possédait pas les moyens matériels et financiers qu'une semblable construction réclame. Mais bientôt ce premier atelier s'agrandit, l'outillage se compléta, les ouvriers se formèrent, et tout cela se fit comme par enchantement. Dès le commencement de l'année 1837, ce nouvel atelier fut eu opération, et les travaux s'y exécutèrent avec ensemble. Ce fut alors qu'on vit apparaître des machines de construction française à côté de celles que l'Angleterre nous abandonnait encore de temps en temps ; et, ce qui surprendra peut-être, ces premières imitations, exécutées au milieu de circonstances défavorables, ne furent pas indignes de leurs modèles. Un peu plus tard, M. Decoster fit construire, sur une échelle encore plus vaste, d'autres ateliers qui furent ouverts au commencement de septembre 1838. Là se trouvèrent enfin réunis, outre un outillage désormais suffisant pour toutes les exigences, un nombre considérable d'ouvriers exercés, et une collection complète de modèles anglais dans les systèmes les plus divers. Dès ce moment, il ne restait plus de difficultés à vaincre, plus d'épreuves à subir : l'œuvre de la transplantation en France de l'industrie nouvelle, cette œuvre délicate et pénible, était entièrement consommée.

Nous avons entendu, dans l'enquête de 1838, deux de nos filateurs mettre en doute que les mécaniciens français fussent, quant à présent, assez habiles pour reproduire les machines anglaises avec la précision voulue. Ils se trompaient, car, au moment où ils exprimaient ce doute, le problème était déjà résolu. Des machines de construction française fonctionnaient dans quelques filatures, et avec autant d'avantage pour le moins que celles qu'on avait tirées directement d'Angleterre. Mais il était dit que l'industrie française

Charles Coquelin

n'en resterait pas là, et qu'en peu de temps, malgré les embarras ordinaires des premiers essais, elle surpasserait ses maîtres.

Du jour où la construction des nouvelles machines fut définitivement acquise à la France, la filature mécanique s'y propagea rapidement. En peu de temps, cinq établissements considérables se montèrent avec des métiers sortis des ateliers de M. Decoster. D'autres complétèrent leur matériel par le même moyen ; et comme, pendant ce temps, l'exportation d'Angleterre, bien que toujours lente et pénible, ne s'arrêtait pas, on vit, en France, dès le commencement de 1839, le noyau, déjà respectable, de quatorze filatures, sinon entièrement achevées, au moins sérieusement entreprises, et en pleine voie d'exécution.

Nous n'insisterons pas plus qu'il ne faut sur les circonstances particulières de cet enfantement. Qu'on nous permette cependant une réflexion sur le sort de ces machines, si laborieusement acquises à la France, réflexion qui se rapporte assez bien à ce que nous avons dit ailleurs. On vient de voir qu'un petit nombre d'hommes, intelligents et actifs, se sont avancés les premiers pour doter le pays, à leurs risques et périls, de ces instruments puissants. L'un d'eux surtout a consacré à cette grande œuvre, et avec un bonheur rare, deux ou trois années d'une vie active et pleine. Peut-être une récompense était-elle due à ces travaux utiles : telle est notre pensée, et nous avons été heureux de voir qu'elle ait été exprimée à la tribune même de la chambre des pairs par un de nos plus illustres savants, M. Thénard. Au moins est-il vrai que ces hommes courageux avaient le droit d'espérer qu'on les laisserait jouir du fruit de leurs sacrifices et de leurs soins. Le pays lui-même, auquel ces machines ont été jusqu'à présent si funestes, ne devait-il pas prétendre, après ce qu'il lui en avait coûté pour les conquérir, à s'assurer par elles, sur les autres peuples du continent, une supériorité analogue à celle que l'Angleterre a prise sur lui ? Or, voici ce qui arrive. Deux ou trois ans après que cette pénible transplantation est accomplie, quand ni ses auteurs, ni le pays, n'ont encore eu le temps d'en profiter, deux hommes viennent, à la suite de tant d'autres, et les derniers peut-être, tirer de l'Angleterre quelques modèles, et le premier usage qu'ils en font, c'est de les étaler dans une exposition publique. Ainsi, ce secret si chèrement acheté s'évente en un jour. Le voilà livré à quiconque, parmi les étrangers, voudra le prendre.

La France perd l'avantage qu'elle s'était donné par trois années d'efforts : les premiers importateurs perdent eux-mêmes la moitié du fruit de leurs travaux.

Notre intention n'est pas de déverser le blâme sur les deux mécaniciens auxquels le tort de cette exposition appartient ; ils n'ont fait, en cela, que suivre la pente générale et obéir au préjugé régnant. C'est, en effet, une idée reçue parmi nous, qu'il est beau, qu'il est grand de trahir les secrets de l'industrie nationale, de les livrer sans condition à l'étranger. La plupart des inventeurs en donnent l'exemple, la presse tout entière y applaudit, et le gouvernement lui-même pousse à cette trahison par ses encouragements. Le fait particulier qui nous occupe ne saurait être plus blâmable que tant d'autres du même genre ; mais il nous est du moins permis de nous élever contre un préjugé funeste. Les réflexions que nous avons déjà faites au sujet de la non-exportation des machines, trouvent ici leur application toute naturelle. C'est avec de tels procédés que l'on décourage tous les efforts utiles, et que l'on condamne l'industrie nationale à une éternelle infériorité.

La filature mécanique du lin et du chanvre appartenant désormais à la France, on se demande quelles doivent être, pour le pays, les conséquences de cet évènement ? Elles seront graves, n'en doutons pas, et pas une révolution industrielle n'aura laissé sur notre sol des traces plus profondes. Essayons d'en indiquer les principaux caractères.

Il est permis d'espérer, d'abord, que l'invasion des produits anglais, cette invasion si funeste et qui s'accroît toujours, sera bientôt, grâce à la concurrence de nos manufactures, modérée dans son débordement. Notre industrie, linière s'arrêtera sur le penchant de sa ruine ; les produits de notre agriculture seront préservés d'un immense discrédit. Il est vrai que la protection des lois est nécessaire pour que cet espoir se réalise, car notre filature naissante a trop d'obstacles à vaincre, non seulement dans les embarras naturels de ses débuts, mais encore dans les conditions permanentes de notre régime économique, pour qu'il lui soit possible de soutenir la lutte à visage découvert. Mais du moins la protection, et une protection modérée, sera suffisante pour atteindre le but ; et comment croire que cette protection soit refusée, quand nulle autre n'a jamais été justifiée par des raisons si légitimes ?

Charles Coquelin

Cependant les choses ne se rétabliront plus dans leur ancien état, et la révolution commencée suivra son cours. Le filage à la main, déjà si fortement ébranlé par l'importation anglaise, aura maintenant à compter avec nos propres manufactures, et sa condition n'en sera pas meilleure. Cette vieille industrie des campagnes ne se remettra point de ses pertes. Ces nourriciers du pauvre, le fuseau et la quenouille, seront chassés de la chaumière, dont ils étaient depuis tant de siècles les fidèles compagnons. C'en est fait de l'industrie du filage à la main ; quoi qu'on fasse, elle est condamnée à disparaître sans retour.

Est-ce un bien ? est-ce un mal ? Bien des considérations compliquent cette question délicate, et l'on comprend que des esprits sérieux hésitent à prononcer. Certes, on ne peut songer, sans une sorte de terreur, à l'immense lacune que cette disparition va laisser dans les travaux des champs. Nos fileurs à la main se comptent par millions ; ils sont laborieux, ils sont pauvres ; et qui pourrait voir sans une émotion profonde cette multitude privée tout à coup de son modeste gagne-pain ? D'anciennes habitudes, des habitudes invétérées, seront détruites. Plus de travaux intermittents dans les travaux champêtres ; plus d'occupations pour cette population invalide de femmes, de vieillards, d'infirmes, que la culture n'employait pas. Avec ces occupations disparaîtront aussi les restes des mœurs patriarcales. Adieu les réunions à la veillée, et tous ces rassemblements paisibles qui faisaient le charme du foyer domestique. Nos populations rurales, si constantes dans leurs allures, auront à se faire une existence nouvelle ; et qui peut dire de quel trouble, de quels déchirements une semblable révolution sera suivie ?

Une de ses conséquences inévitables sera le déclassement des masses. On a remarqué souvent, peut-être sans en définir la cause, qu'en Angleterre les deux tiers de la population peuplent les manufactures et les villes, tandis qu'en France 25,000,000 d'hommes sur 33,000,000 sont adonnés aux travaux des champs. Pourquoi cette différence ? Ce n'est pas seulement, comme on l'a dit, parce que l'agriculture est plus avancée en Angleterre qu'en France, et que les travaux s'y exécutent à moins de frais ; c'est encore, et bien plutôt, parce que les cultures diffèrent, et que les travaux n'y ont pas généralement le même objet. L'agriculture anglaise est moins variée que la nôtre : trois ou quatre branches, riches, mais peu complexes, en constituent le fond. C'est d'abord la culture des céréales, non-seulement du blé pour la nourriture des hommes, mais encore de plusieurs autres espèces de grains pour la nourriture de cette multitude incroyable d'animaux dont le pays est couvert, et pour la fabrication de la bière et des eaux-de-vie de grains, dont il se fait en Angleterre une si prodigieuse consommation. Ce sont ensuite les pâturages pour les moutons, les prairies artificielles, et certaines plantes sarclées : toutes cultures qui laissent reposer l'homme, et qui, à des degrés divers, s'exécutent avec un petit nombre de bras. A côté de ces cultures la France a ses nombreux vignobles, qui demandent des travaux répétés et des soins assidus ; elle a ses champs immenses de lin et de chanvre, qui appellent la main de l'homme dans tous les temps ; et outre que ces deux cultures exigent plus de travaux que les autres, elles sont suivies chacune, après la récolte, d'autres travaux de préparation qui s'exécutent encore sur les champs. Voilà ce qui explique l'étrange disparité qui se remarque dans la constitution sociale des deux pays. Mais parmi les causes qui contribuent le plus à fixer dans les campagnes une si grande partie de la population française, il faut compter au premier rang l'immense développement du filage et du tissage manuels. C'est dans ces deux branches d'industrie, surajoutées aux travaux agricoles, que tant d'hommes trouvent leur subsistance. Vienne le moment où ces deux sources d'entretien auront tari, il faudra bien qu'une partie de cette population exubérante aille refluer dans les cités.

Un autre changement non moins remarquable se prépare dans la division de la propriété. En effet, l'existence dans les campagnes de cette double industrie du filage et du tissage à la main n'a pas été sans influence sur cet extrême morcellement des propriétés que tant d'hommes éclairés déplorent. Nous ne sommes pas bien convaincu, à vrai dire, que ce morcellement porte avec lui tous les inconvénients que l'on signale : peut-être s'adapte-t-il assez bien à l'organisation sociale de la France, et répond-il mieux qu'un autre système à ses besoins, sauf pourtant les cas où il se heurte pour ainsi dire contre des lois, qui ne l'ont point prévu. Mais il est clair qu'il cessera quand il aura perdu sa raison d'être. Dans les provinces où l'industrie linière est en honneur, la possession d'un hectare de terre suffit pour assurer à : toute une famille, avec l'indépendance,

Charles Coquelin

la satisfaction de ses premiers besoins. Dans la maison, les femmes filent et les hommes tissent : c'est ce travail exécuté près du foyer qui procure le fonds de leur subsistance commune ; puis, quand le soin de leur petite propriété les réclame, libres qu'ils sont de disposer de leurs heures, ils vont ensemble vaquer à d'autres travaux sur les champs. Du jour où l'industrie linière se sera retirée dans les manufactures, ces existences seront mutilées ; il s'y fera comme un vide ; l'exploitation de ces petites propriétés ne suffira plus pour les remplir. Que si les membres de la famille vont chercher eux-mêmes dans les manufactures l'équivalent de l'occupation domestique qu'ils auront perdue, enchaînés désormais par la règle invariable d'un travail quotidien, ils n'auront plus le loisir de donner à leur propriété les soins qui lui sont dus. Force sera d'y renoncer. Ainsi, toutes ces propriétés parcellaires s'évanouiront pour aller se fondre dans les grandes : changement regrettable peut-être, si l'on devait regretter ce que le progrès naturel des temps a détruit.

C'est ainsi que la révolution accomplie dans l'industrie du lin remuera la société française jusque dans ses profondeurs. Elle sera bien autrement grave en cela que la révolution analogue qui s'est faite dans l'industrie du coton. Celle-ci s'est manifestée, pour ainsi dire, à la surface de la société ; elle en a changé, embelli les contours ; l'autre la modifiera dans sa constitution intime.

Il n'est pas étonnant que ces innovations soient envisagées avec terreur par des hommes réfléchis. Ils y voient avec raison une cause de vives souffrances pour nos populations rurales ; souffrances passagères, il est vrai, mais profondes et douloureuses. Ils y voient de plus une altération durable dans nos mœurs, qui se conservaient pures dans les campagnes et se corrompront dans les villes. Assurément, ces craintes ne sont pas sans fondement ; mais il ne faut pas les pousser jusqu'à l'extrême. Il n'est pas bien sûr d'abord que cette population infime des campagnes soit, en effet, au milieu de la vie presque végétative qu'elle mène, douée d'une moralité plus haute que la population active de nos villes. Quant aux souffrances qu'elle aura sans doute à endurer, outre qu'elles ne seront que passagères, elles ne seront peut-être pas aussi grandes qu'on l'imagine. Le filage à la main ne sera pas détruit en un jour. Longtemps encore il disputera le terrain pied à pied à nos manufactures, et celles-ci d'ailleurs ne s'élèveront pas toujours sur ses ruines : elles se placeront souvent à ses côtés, en agrandissant le cercle où l'industrie linière avait à s'exercer. Quelques refuges resteront même à nos fileurs, car il existe des emplois que la mécanique n'est pas encore prête à usurper sur eux. Le tissage prospère et prospérera longtemps dans nos campagnes, où il occupera bien des bras ; car il n'a pas encore, lui, de concurrence bien sérieuse à redouter de la part du tissage mécanique, et l'extension de la filature en France ne peut que contribuer à lui donner un nouvel élan. Enfin, les manufactures elles-mêmes absorberont une portion considérable de cette population déshéritée, et la partie la plus faible, la plus inhabile aux travaux rudes, les femmes et les enfants. Après tout, aux maux réels qu'il est permis de craindre, on peut entrevoir, dès à présent, de magnifiques compensations.

La plus belle de ces compensations sera, sans contredit, l'extension de la culture du lin et du chanvre ; culture déjà si étendue et si riche. Nul doute, en effet, que la filature mécanique ne donne une valeur plus grande aux produits de cette culture, en même temps qu'elle en augmentera l'usage. C'est à son détriment que la consommation du lin et du chanvre avait été refoulée depuis vingt ans par la consommation toujours croissante du coton. Une réaction va se faire, réaction dont notre agriculture profitera. Elle s'est déjà manifestée en Angleterre d'une manière bien sensible : elle sera plus rapide, plus étendue en France, où l'industrie du coton n'a pas encore jeté d'aussi profondes racines, et où les tissus de lin ont toujours conservé leur place dans les habitudes et dans les goûts. Ce n'est peut-être pas que l'industrie du coton doive reculer et s'amoindrir à son tour, encore moins qu'elle soit destinée à disparaître. A Dieu ne plaise qu'il en soit ainsi ! Il y a place en France pour les deux industries rivales, et, avec le progrès de la population et de la richesse, cette place va s'agrandissant de jour en jour. Mais l'industrie du coton se verra arrêtée dans ses empiétements successifs, et celle du lin reprendra le premier rang qui lui appartient de droit.

Jamais plus belle conquête n'aura été faite au profit de notre agriculture. Le lin est, en effet, de toutes les plantes que nous cultivons la plus précieuse et la plus riche. Outre ses tiges auxquelles l'industrie des tissus donne une valeur si grande, elle produit des graines qui fournissent une huile abondante et dont le résidu forme tout à la fois une excellente nourriture pour les bestiaux et un pré-

Charles Coquelin

cieux engrais. Elle a sur bien d'autres plantes, et par exemple sur les vignes, l'avantage d'occuper les meilleures terres, et celui, non moins considérable, d'en changer souvent. Par-là, elle alterne avec le blé, et forme avec lui le complément d'une riche culture. Pour juger de la valeur de cette plante, il suffit de dire que, dans les cantons où elle se cultive avec quelque suite, c'est elle qui forme, avec le blé, le contingent de l'impôt. Que cette culture augmente seulement d'un quart sur la surface de la France, et ce n'est pas porter ses espérances trop loin, elle réalisera bien au-delà de tout ce que la betterave pouvait promettre.

Il est permis aussi de compter pour quelque chose l'établissement de plusieurs centaines de manufactures nouvelles qui remplaceront, certes, avec un grand avantage pour l'état et pour la population elle-même, cette industrie des campagnes, qui ne traînait, après tout, qu'une existence chétive et misérable. Ne médisons pas des manufactures, elles sont la force de l'état et l'ornement de nos cités.

Mais, pour que ces espérances se réalisent, il faut que notre filature mécanique, désormais affranchie, soit en position de lutter avec avantage contre la filature anglaise. Il faut qu'elle reprenne à cette dernière le marché national envahi ; en un mot, il faut que l'importation anglaise s'arrête. Autrement, plus de compensation possible : industrie, agriculture, tout périt à la fois, sans dédommagement et sans retour. Il s'agit donc d'examiner si cette industrie naissante est vraiment en mesure de remplir la tâche qui lui est dévolue, et à quelles conditions elle le sera.

A la considérer dans son développement actuel, notre filature mécanique se réduit encore à de bien faibles proportions. En voici la statistique, aussi exacte qu'il est possible de la faire quant à présent.

Au commencement de 1839, et même dès la fin de 1838, il existait, en écartant les projets assez nombreux qui n'avaient pas reçu un commencement d'exécution, quatorze entreprises sérieusement constituées. Dans la suite, le nombre ne s'en est point accru ; circonstance assez remarquable et qui semble d'un mauvais augure pour l'avenir. En effet, tous les établissements qui fonctionnent déjà, et ceux même qui s'élèvent en ce moment, ont été entrepris à une époque antérieure à l'enquête de 1838. Depuis lors, il y a eu comme un temps d'arrêt. Ce n'est pas qu'il ne se soit encore formé des projets nouveaux : le nombre en était grand dès l'année dernière, et il s'accroît de jour en jour ; mais ces projets sont demeurés jusqu'à présent sans résultat. C'est qu'on s'attendait autrefois au concours du gouvernement et à la protection de la loi, et que cette protection, souvent promise, ne s'est pas encore réalisée. Toute cette situation peut se résumer en deux mots : depuis plus d'un an le gouvernement délibère et l'industrie attend.

Cependant les choses ne sont pas demeurées absolument dans le même état. Le temps a été mis à profit en ce sens que les établissements qui étaient l'année dernière en voie de formation ont poursuivi leurs travaux. Les uns sont sortis de terre ; les autres, plus avancés, ont augmenté leur matériel et formé leurs ouvriers. Malgré cela, nous ne comptons aujourd'hui même que huit établissements en pleine activité ; ce sont ceux de MM. Scrive, à Lille ; Feray, à Essonne ; Malo et Dickson, à Dunkerque ; Liénard, à Pont-Remy ; Berard, à Bélair ; Gachet, au Blanc ; Giberton, à Vernou, et Mercier, à Alençon. De ces établissements, les trois premiers ont été montés avec des métiers de construction anglaise, les cinq autres avec des métiers sortis des ateliers de M. Decoster. Ils font mouvoir en tout 14,880 broches ; savoir :

Celui de Lille : 2,500 broches.

» Dunkerque 600

» Essonne : 1,800 -

» Pont-Remy : 4,380

« Bélair : 300

« Le Blanc : 3,440

« Alençon : 1,060 -

« Vernou : 800

Total : 14,880 broches.

A cela, on pourrait ajouter deux métiers de cent broches chacun, l'un de construction anglaise, l'autre fourni par M. Decoster, qui fonctionnent dans l'établissement de M. Vayson, à Abbeville ; mais nous avons déjà dit que cet établissement n'est pas une filature.

Le produit annuel de ces 14,880 broches peut être évalué, en prenant pour moyenne 45 kil. par broche, à 669,600 kil. de fils. C'est

Charles Coquelin

peu de chose assurément, et une semblable production mérite à peine de figurer dans la production totale du pays. On trouve, à la vérité, un résultat un peu plus satisfaisant si l'on tient compte des établissements qui s'élèvent. Malheureusement les fondateurs de ces établissements, en s'adressant à l'Angleterre, non-seulement pour en obtenir des modèles, mais encore pour faire dresser un matériel complet, et quelques-uns même pour faire construire les bâtiments, établir le moteur et compose leur personnel, n'ont pas pris la voie la meilleure ni la plus courte, et il est difficile de dire à quelle époque ils commenceront à obtenir des produits, après avoir triomphé des embarras qu'ils se sont volontairement créés.

Si l'on juge de l'importance des établissements qui existent par la somme des capitaux dont ils disposent, on trouvera que le plus considérable de tous est celui de la société Maberley, fondé près d'Abbeville, avec un capital de 4,000,000 de francs, susceptible d'être porté à 6,000,000. Après lui vient l'établissement de la société de Boulogne, capital 2,400,000 francs ; puis celui de M. Liénard, à Pont-Remy, capital 1,500,000 fr., et celui du Blanc, capital 1,200,000 fr. Mais, en ne tenant compte que de la puissance actuelle de production-, il faut placer au premier rang la belle filature de M. Liénard, à Pont-Remy, qui fait déjà mouvoir plus de 4,000 broches, et ne tardera pas à en posséder 6,000. Ce magnifique établissement, monté avec des machines toutes de construction française, se place aujourd'hui hors ligne. Par son heureuse situation, aussi bien que par l'excellente composition de son matériel et la capacité de l'homme qui le dirige, il semble réservé au plus brillant avenir. La fabrication y a été longtemps interrompue pour des travaux d'agrandissement ; mais elle a été reprise, avec un redoublement d'activité, au mois de juin dernier. Les fils produits au milieu même des premiers embarras de cette reprise sont au nombre des plus beaux que nous ayons vus.

La somme totale des capitaux engagés dans notre industrie linière peut être estimée à 20,000,000 francs. Tout cela est encore bien peu de chose ; mais il ne faut pas tant considérer, dans une industrie qui débute, son développement actuel que ses conditions de vitalité et sa puissance d'accroissement. C'est sous ce dernier point de vue que nous allons l'envisager, en observant sa marche aussi bien que les circonstances au milieu desquelles elle se produit.

Dernière partie

Certaines erreurs ont été commises au début dans le choix des modèles, et ces erreurs, il importe d'autant plus de les signaler qu'elles se renouvellent encore de temps en temps. Nos premiers importateurs, éblouis par les prodiges que la mécanique réalisait sous leurs yeux de l'autre côté du détroit, se prirent d'une sorte de respect superstitieux, qui ne leur permit pas de mettre en doute l'infaillibilité des mécaniciens anglais. Ils regardèrent comme des progrès toutes les innovations tentées par eux et les adoptèrent aveuglément. Les progrès accomplis étaient d'ailleurs si récents, qu'il était assez naturel de penser que l'on marchait toujours, et il était bien difficile de vérifier le fait, puisque les procédés de la fabrication étaient inconnus en France, et que les filatures anglaises étaient inabordables. De là vient que nos fabricants acceptèrent avec confiance tous les remaniements qu'il avait plu aux constructeurs anglais d'essayer. Ils ne se demandèrent pas quels étaient les meilleurs modèles de machines, chose difficile à constater alors, mais quels étaient les plus nouveaux, leur nouveauté même étant à leurs yeux l'incontestable preuve de leur mérite. C'est cette idée, fausse à bien des égards, qui en a conduit plusieurs à faire de mauvais choix.

Parmi les remaniements exécutés depuis quelques années, le plus considérable est la substitution du système *à vis ou spirales* au système *à chaînes*. Sur quoi porte ce remaniement ? Est-ce une innovation plus ou moins heureuse dans les procédés de la fabrication ? Nullement : ces procédés n'en sont pas même altérés. C'est un changement dans les ressorts des machines, dans la manière de transmettre le mouvement ; changement purement mécanique, et qui laisse de tous points l'art du filateur intact. En, deux mots, voici en quoi ce remaniement consiste. Dans l'ancien système, qui est encore généralement en usage en Angleterre, les rangées de peignes qui vont d'un appareil à l'autre dans les machines préparatoires, telles que la table à étaler, les étirages et le banc à broches, sont mises en mouvement par des chaînes tournant autour de deux arbres en fer placés à chaque extrémité de l'encadrement. Ces chaînes poussent en avant des barrettes qui portent les aiguilles, et les ramènent ensuite par dessous, de manière à former un mouvement continu. Les extrémités des barrettes sont du reste fixées dans des coulisses qui règlent leur mouvement et les soutiennent.

Charles Coquelin

Dans les machines plus nouvelles, les chaînes sont remplacées par des vis ou spirales. Deux vis placées de chaque côté de l'encadrement font marcher les barrettes en avant ; deux autres vis placées sous les premières les ramènent. C'est cette simple modification, regardée fort mal à propos comme une invention, car l'usage des vis est connu depuis longtemps en mécanique, qu'on a décorée du beau titre de système nouveau, en lui attribuant même, pendant un certain temps, toute la portée d'une révolution dans la fabrique.

On comprend que la substitution dont il s'agit ne change en rien la nature de l'opération, ni ses effets ; car les peignes seuls opèrent, et, qu'ils soient mus par des chaînes ou par des vis, l'effet produit est le même. Mais cette substitution, à ne la considérer que comme une fantaisie de mécanicien, et ce n'est guère autre chose, donne-t-elle au moins aux nouvelles machines une supériorité réelle sur les anciennes ? Loin de là.

En mettant les deux systèmes en présence, et en les comparant avec soin, nous avons cherché à nous expliquer les avantages que le dernier pouvait avoir sur l'autre, et ces avantages nous ont paru tout au moins hypothétiques. Mais pour les -désavantages, ils sont frappants. D'abord, les vis sont incomparablement plus dures, plus difficiles à faire mouvoir que les chaînes ; ce que tout mécanicien comprendra facilement. Elles exigent donc une plus grande dépense de force motrice, circonstance qui n'est indifférente nulle part, et qui est surtout digne de considération dans un pays tel que la France, où la principale force motrice, la vapeur, est à si haut prix. Il parait bien difficile d'ailleurs d'obtenir des vis le même degré de vitesse, même en employant une force plus grande. Il y aurait donc tout à la fois perte de force et perte de temps. Ce n'est pas tout. On comprend que les peignes agissant constamment sur la matière, dont ils sont destinés à maintenir les filaments, en retiennent à chaque fois quelque chose, et sont par conséquent sujets à s'engorger. Eh bien ! dans le système à chaînes, cet engorgement est toujours prévenu ou réparé. A mesure que les barrettes arrivent à l'extrémité de l'encadrement, et qu'elles passent dessous pour revenir sur leurs pas, elles se renversent, de manière que les pointes des aiguilles sont alors tournées en bas. On a donc pu disposer sous l'encadrement une petite brosse, qui tourne sans cesse dans un sens opposé au mouvement des peignes, et qui nettoie régulièrement les aiguilles sans que l'ouvrier ait à s'en inquiéter. Dans l'autre système, rien de semblable. Ici, quand les barrettes arrivent à l'extrémité des vis supérieures, elles ne se renversent pas, mais ; retombent perpendiculairement sur les vis inférieures, qui les ramènent ainsi dans la même position, c'est-à-dire la pointe des aiguilles tournée vers le haut. Cette disposition est d'ailleurs inhérente à l'emploi des vis. Nul moyen alors de faire agir la brosse. Par une bizarrerie inexplicable, qui montre que l'esprit d'imitation servile se rencontre quelquefois avec l'intempérie d'innovation, cette brosse a néanmoins été conservée dans le nouveau système ; mais il suffit de jeter un coup d'œil sur les machines pour reconnaître qu'elle n'est plus là que pour la forme, qu'elle n'y a été mise que par imitation. Elle n'agit plus que sur le dos des barrettes, sans atteindre les aiguilles. Autant vaudrait qu'elle n'y fût pas. On dirait, à la voir agir ainsi dans le vide, qu'elle n'a été conservée que pour rappeler ce qui manque à ces machines, et pour attester l'imprévoyance du constructeur. Les aiguilles s'engorgent donc sans que rien y remédie. Pour les nettoyer, il faut de toute nécessité arrêter le mouvement et suspendre le travail : nouvelle perte de temps, qui devient bien sensible quand elle se renouvelle tous les jours et qu'elle se répète sur un grand nombre de métiers.

Ajoutez à cela que ces machines sont plus pesantes que les autres ; que les rouages en sont plus compliqués et plus lourds ; qu'il y entre par conséquent plus de matière et plus de main d'œuvre, en sorte que le prix en est plus élevé d'environ un cinquième ; qu'en raison de cette complication même des rouages, jointe à la dureté du mouvement, les accidents doivent être plus fréquents et la détérioration plus sensible ; qu'en outre le corps du métier y est comme encaissé dans ces énormes vis, qui l'obstruent de chaque côté, de manière qu'il est impossible de pénétrer dans l'intérieur à moins de tout démonter, ce qui rend les réparations plus difficiles, et vous comprendrez à combien d'égards ces machines sont inférieures à celles qu'elles prétendent remplacer. Quels avantages ne faudrait-il pas pour compenser tous ces inconvénients ? Et que sera-ce s'il est vrai que les avantages sont nuls ? Ce n'est pas qu'après tout ces machines ne soient d'un beau travail ; la combinaison en est ingénieuse et l'exécution parfaite. Nul doute qu'elles ne produisent de tout aussi beau fil que les autres, puisque les procédés de la fabri-

Charles Coquelin

cation n'y sont pas altérés ; mais dans l'usage elles sont vaincues par les anciennes, en ce sens que, tout en coûtant plus cher, elles demandent une plus grande force et donnent moins de produits.

Telles sont pourtant les machines que plusieurs de nos filateurs ont adoptées. Si nous sommes bien informé, ce système n'a pas fait fortune en Angleterre, où l'on savait déjà par expérience que les tentatives de progrès ne sont pas toutes heureuses, et que dans les combinaisons nouvelles il y a toujours à prendre et à laisser ; mais il n'a que trop bien réussi auprès des filateurs inexpérimentés du continent, qui se sont laissés séduire par ces mots magiques : système nouveau. Il a suffi que ce prétendu système eût apparu le dernier, pour que l'on crût, en l'adoptant, se mettre au niveau des progrès accomplis. Il est à craindre que ce choix malheureux ne laisse certains de nos filateurs dans une position d'infériorité relative vis-à-vis des filateurs anglais. S'il ne les empêche point de lutter avec eux, quant à la qualité des produits, il leur nuira du moins dans la rapidité de l'exécution, et par conséquent dans l'économie du travail ; et qui ne sait que l'économie est aujourd'hui le dernier terme du problème industriel ?

Cependant l'erreur n'a pas été générale. Parmi ceux de nos fabricants qui se sont pourvus en Angleterre, plusieurs y ont échappé, soit parce qu'ils ont pu se livrer à un examen plus attentif, soit parce qu'ils se sont adressés à d'autres constructeurs. Quant à ceux qui ont acheté leurs machines en France, ils en ont été facilement préservés ; car, dans les ateliers de M. Decoster, qui ont été jusqu'à présent, en France, les seuls ateliers de construction pour la filature du lin, les deux systèmes sont depuis longtemps en présence, avantage qu'on ne trouve guère en Angleterre, et il a été possible de se décider entre eux après un examen comparé. L'expérience personnelle de M. Decoster lui a d'ailleurs permis de diriger les choix de ses clients. Déjà même les vices de ce système ont été reconnus par plusieurs de ceux qui s'en sont servis. On nous assure que M. Feray, qui, lui aussi, avait cru devoir renouveler en partie son premier matériel, pour adopter les machines à vis, a renoncé depuis lors à leur emploi. L'erreur est donc déjà signalée, reconnue, et il est vraisemblable qu'elle ne se propagera point. Il est vrai que les deux mécaniciens qui viennent de se mettre sur les rangs pour la construction des machines à filer le lin, MM. Schlumberger et

Debergue, ont précisément adopté, comme on a pu s'en assurer à l'exposition des produits de l'industrie, ce même système auquel d'autres plus avancés renoncent [7] ; mais ces erreurs particulières ne sauraient plus être contagieuses, du moment que la supériorité des deux systèmes a été seulement mise en question, et que tous les moyens de comparaison existent parmi nous.

Au reste, le point important est obtenu. La grande difficulté, celle qui consistait à construire les machines en France avec autant de précision qu'en Angleterre, cette difficulté dont nos fabricants s'embarrassaient encore l'année dernière avec si peu de raison, n'a pas arrêté longtemps nos constructeurs. Tout le monde a pu se convaincre, en voyant à l'exposition les essais de MM. Schlumberger et Debergue, que notre mécanique est plus avancée qu'on ne le supposait ; car, bien que les machines exposées par ces deux constructeurs ne soient pas, selon nous, du meilleur système, à ne considérer que l'exécution, elles ne sont pas inférieures à leurs modèles. Déjà les choses ont été poussées plus loin dans les ateliers de M. Decoster, où, dès l'année dernière, la précision anglaise a été surpassée. C'est ici que nous devons nous arrêter quelques instants sur les travaux de ce mécanicien distingué, auquel notre filature doit en grande partie son existence actuelle, et sur qui repose, nous pouvons le dire, le meilleur espoir de ses succès futurs.

C'est assurément une circonstance fort heureuse pour la France, qu'au moment où la filature mécanique essayait de s'y produire, il se soit rencontré un homme qui en connaissait d'avance tous les secrets pour les avoir étudiés sur les lieux. Que d'embarras de tous les genres, que d'erreurs et de faux pas cette heureuse rencontre ne nous a-t-elle point épargnés ? Où en serions-nous sans cela, et quelles épreuves n'aurions-nous pas encore à subir ? L'expérience l'a bien prouvé ; car, des trois mécaniciens qui ont entrepris, en concurrence avec M. Decoster, la construction des machines, pas un n'est encore parvenu à mettre la première broche en jeu, et d'autre part, des neuf établissements qui ont essayé de se monter avec des métiers de construction anglaise, trois seulement, les plus anciens, sont en activité, tandis que les autres se débattent encore au milieu de difficultés sans cesse renaissantes, sous lesquelles il est à craindre que plusieurs ne succombent, avant même que les travaux n'aient commencé. Mais ce qui est plus heureux encore,

Charles Coquelin

c'est que cet avantage d'avoir étudié la filature en Angleterre soit échu à l'un de ces homme d'élite qui savent féconder tout ce qu'ils touchent.

Rien n'égale l'activité déployée par M. Decoster dans l'accomplissement de la, tâche qu'il avait entreprise. On en jugera par le simple rapprochement de quelques faits. Après son retour en France, vers le commencement de 1836, il exécute seul, sans atelier, sans outils, sans ouvriers, n'ayant pour établissement qu'une chambre, et pour moteur qu'une simple manivelle, deux cent quatre-vingt-neuf broches, qu'il livre pour essai à l'établissement de M. Liénard, à Pont-Remy. Tel est son point de départ. Quelques capitalistes lui viennent alors en aide, et notamment M. Liénard lui-même, capitaliste aussi éclairé qu'industriel habile. Bientôt sa sphère s'agrandit. Dès le commencement de 1837, on le voit à la tête de deux ateliers ; l'un, au passage Laurette, de soixante pieds de long sur dix-huit de large ; l'autre, rue Notre-Dame-des-Champs, de cent vingt pieds de long sur vingt de large, et qui ont pour moteur un manège à deux chevaux, avec deux chevaux de rechange. Quatre-vingts ouvriers y travaillent sous ses ordres, tous recrutés en France, tous formés par ses mains, sans le secours d'un seul ouvrier ni d'un seul contremaître anglais. Avec leur aide, il commence à livrer des métiers à trois filatures. Bien des choses manquent encore dans ces ateliers trop étroits, et notamment plusieurs outils ; car la plupart de ces outils ne sont eux-mêmes rien moins que des machines complètes, qui occupent une assez large place, et ne s'établissent pas à peu de frais. On ne trouve pas même dans ces ateliers les modèles des machines, et l'on est encore réduit à travailler sur de simples dessins rapportés d'Angleterre [8]. Malgré cela, le travail marche, et les métiers confectionnés ne le cèdent point en perfection à, ceux que les Anglais eux-mêmes nous livrent.

En 1838, un nouvel établissement s'élève dans la rue Stanislas. Celui-ci est bâti tout d'une pièce, sur un terrain auparavant inoccupé, et dans des proportions plus vastes, dignes enfin de son objet. Il a pour moteur une machine à vapeur de la force de douze chevaux. Terminé au mois de septembre 1838, il commence ses travaux le 15 octobre. En peu de temps, on y voit réunis un nombre considérable d'ouvriers habiles, et, de plus, tous les modèles et tous les outils. Dès le commencement de 1839, trois ans après les faibles débuts qu'on vient de voir, cet établissement, joint aux deux autres, livre à l'industrie française de dix-huit cents à deux mille broches par mois, sans compter un nombre considérable de pièces et de machines de tous genres pour les opérations préparatoires ou préliminaires, et il achève de monter cinq filatures, parmi lesquelles figurent les deux plus considérables de celles que nous possédons jusqu'à présent.

Qui n'applaudirait à cette activité puissante ? C'est par elle que notre industrie a pris un corps et s'est enfin constituée. Par elle, ceux de nos filateurs qui ont été assez heureux ou assez habiles pour n'avoir pas recours à l'Angleterre, ont été exempts de ces tribulations qui ont accablé les autres. Ils n'ont pas eu à s'inquiéter, ceux-là, de la formation définitive de leurs établissements ; ils n'ont pas épuisé dans le travail de cette formation ce qu'ils avaient d'énergie et de ressources ; ils n'ont eu qu'à bâtir, quand les bâtiments n'existaient pas, et leur matériel s'est organisé de lui-même, sans travail, sans lenteurs, et dans les meilleures conditions possibles, comme si l'industrie existait en France depuis vingt ans. Telle a été la facilité et la rapidité de leur marche, qu'ils ont devancé de bien loin la plupart de ceux qui étaient entrés avant eux dans la carrière. Exempts des soucis et des embarras de l'organisation première, ils ont pu aussi, mieux ou plus tôt que les autres, soigner le travail de la fabrication, et tourner leurs idées vers le progrès. C'est, en effet, une circonstance bien remarquable, que si quelque part l'intention du progrès se manifeste, c'est dans les filatures montées par M. Decoster ; et, ce qui n'est pas moins digne d'attention, c'est que, dès à présent, la production y est moins chère qu'ailleurs, vérité qu'il nous serait facile d'établir par des preuves irrécusables.

Au milieu de ces travaux d'exécution si rapides, si soutenus, et qui semblaient devoir absorber tous ses instants, M. Decoster ne laissait pas de s'occuper lui-même, avec plus de succès que personne, de perfectionnements et de progrès. Non content d'avoir introduit peu à peu dans ses ateliers tous les outils dont on se sert en Angleterre, et qu'il avait étudiés sur les lieux, il en créait plusieurs. On trouve aujourd'hui, dans l'établissement qu'il a fondé, cinq ou six machines de ce genre, inventées ou perfectionnées par lui, soit pour remplacer celles qui répondaient mal à leur objet, soit pour remplir certains vides réels qui subsistaient encore dans les travaux mécaniques. Tous ces outils, simples mais ingénieux, sont d'un admirable service. Ils donnent aux pièces qu'ils façonnent une régularité encore plus grande, en même temps qu'ils abrègent et simplifient le travail. C'est par eux, non moins que par l'habileté réelle de ses ouvriers, et l'admirable direction des travaux, que M. Decoster a maintenant surpassé ses maîtres, et que la construction des métiers est arrivée chez lui à un degré de perfection que les Anglais même n'ont pas atteint. Quant à l'économie qu'ils ont produite, elle est, pour quelques pièces, de plus de moitié des anciens prix. Aussi, dans cet établissement, le prix total des machines n'excède-t-il maintenant que de 18 à 20 pour 100 celui des constructeurs anglais : résultat prodigieux, si l'on considère, nous ne dirons pas la nouveauté de notre industrie, car là cette industrie est déjà vieille, mais l'extrême cherté de nos fers et de nos charbons ; résultat d'autant plus admirable qu'il a été produit spontanément, sans avoir été provoqué par aucune espèce de concurrence dans le pays [9].

Faut-il revenir sur cette peigneuse que M. Decoster avait emportée avec lui en Angleterre, et qui lui a, pour ainsi dire, ouvert la route ? Nous n'en dirons plus qu'un mot. Il l'avait beaucoup améliorée durant son séjour en Angleterre, et c'est à la faveur de ces améliorations qu'elle avait été acceptée par un grand nombre de filateurs ; mais il n'a pas laissé de la retoucher depuis son retour en France, pour la porter à une perfection encore plus grande. Aussi, est-il vrai de dire que cette machine, telle que nous la possédons aujourd'hui, est supérieure à celle qui est demeurée en Angleterre, et que nos fabricants ont, à cet égard, un avantage sur les fabricants anglais.

Mais la plus belle découverte dont M. Decoster puisse s'honorer, et qui est peut-être aussi la plus importante que l'on ait faite pour l'industrie linière depuis huit ans, est celle du battoir propre à assouplir le chanvre ; invention vraiment capitale, et pour laquelle son auteur a jugé nécessaire de réclamer un brevet. Il n'est pas inutile de dire qu'on n'est pas encore parvenu, même en Angleterre, à travailler le chanvre comme le lin. Ce n'est pas que le chanvre ne puisse se filer de la même manière, et à l'aide des mêmes machines ; mais son filament, beaucoup plus dur, a besoin d'être préalablement assoupli, et cette opération, qu'on n'était pas encore parvenu à exécuter par les machines, s'exécutait trop difficilement et trop chèrement par le travail manuel, pour que le chanvre devînt, dans les manufactures, l'objet d'une fabrication courante. Aussi ne le file-t-on, dans les établissements d'Angleterre et d'Écosse, que très rarement, avec fort peu d'avantage et à des numéros très bas. M. Decoster, qui avait été témoin, pendant son séjour en Angleterre, des nombreux essais que l'on faisait de toutes parts pour inventer une machine propre à cet usage, se mit aussi à la recherche du problème, surtout après son retour en France, et ses efforts ne tardèrent pas à être couronnés du plus brillant succès.

Le battoir inventé par lui a été mis en usage, pour la première fois, il y a près de deux ans, dans l'établissement de M. Liénard, à Pont-Remy ; et, bien qu'il fût encore fort imparfait et sujet à plusieurs accidents, il rendait déjà de grands services. Dans la suite, il n'a pas cessé de s'améliorer. Aussi, sans prétendre qu'il n'ait plus de perfectionnements à recevoir, on peut dire qu'il remplit aujourd'hui toutes les conditions d'un battage prompt, efficace, et pardessus tout économique. Un ouvrier ne peut, à l'aide du maillotage qui est encore généralement usité, préparer que 15 livres de filasse de chanvre par jour, et encore la préparation en est-elle imparfaite : avec l'un des battoirs de M. Decoster, on en prépare 150 livres par jour, et l'opération est beaucoup mieux exécutée. Au reste, la valeur de cette machine a été constatée par une expérience décisive. C'est après l'avoir essayée et en avoir reconnu les avantages, que M. Mercier, d'Alençon, s'est déterminé à ne plus filer que du chanvre dans sa manufacture, résolution neuve, hardie en apparence, mais dans laquelle ce fabricant s'est affermi de jour en jour par de nouveaux succès. L'établissement de M. Mercier produit aujourd'hui couramment des fils de chanvre du n° 30 et au-delà. Rien de semblable n'a été obtenu en Angleterre. Si les tarifs actuels sont maintenus, et si nos filateurs se trouvent en conséquence hors d'état de soutenir la lutte contre les fabricants anglais quant à la production des fils de lin, la fabrication du chanvre pourra, grâce à la machine de M. Decoster, et pourvu que cette machine ne leur soit pas enlevée comme tant d'autres par leurs rivaux, leur offrir une belle compensation. Ce battoir sera d'ailleurs toujours d'un grand effet, puisqu'il ne tend à rien moins qu'à livrer à la filature mécanique cette immense quantité de chanvre qu'elle n'avait pu s'approprier jusqu'à présent. Une telle découverte, bien qu'elle n'ait pour objet qu'une des opérations préliminaires de la filature, est à elle seule presque une révolution.

Avec son outillage si complet et si riche, avec sa collection si variée de modèles de tous les genres ; avec toutes les inventions qui lui sont propres, et tous les perfectionnements qu'il a produits, l'établissement de M. Decoster se place dès aujourd'hui hors de ligne. Il va sans dire qu'il marche à la tête de la filature française, dont le sort est comme lié au sien : il la devance, il la dirige ; on pourrait dire qu'il la porte tout entière dans ses flancs. Mais quand on considère le nombre et surtout l'habileté rare des ouvriers qu'il occupe, l'activité surprenante et la capacité de l'homme qui le dirige, la grandeur même des bâtiments et leur belle ordonnance, enfin l'admirable entente des travaux, on est obligé d'ajouter que c'est une création d'un ordre supérieur, digne de servir de modèle à nos industriels de toutes les classes. Un tel établissement honore le pays, et la France peut le montrer avec orgueil. Il est certain que, dans cette spécialité, l'Angleterre n'offre rien qu'on puisse lui comparer. Avions-nous tort de dire, dans la première partie de ce travail, que nous aurions un troisième nom à ajouter aux beaux noms de MM. de Girard et Marshall [10] ?

L'industrie qui voit marcher à sa tête un établissement pareil, mérite déjà d'être comptée. Si son développement actuel est encore faible, elle est au moins douée, autant qu'aucune autre, de la faculté d'accroissement. En ce moment, l'établissement de M. Decoster livre régulièrement à l'industrie française de 1,800 à 2,000 broches par mois ; mais sa puissance de production est plus grande. Du jour au lendemain, si la demande était pressante, il pourrait l'élever jusqu'à 3,000 broches, et cela, sans nuire en rien à la production des pièces et des machines accessoires, qui marche toujours concurremment. Il y a même, à côté de l'établissement principal, un terrain réservé, sur lequel il pourrait s'étendre au besoin, de manière à porter la production au double ; et l'on peut juger, par tout ce qui précède, que cet accroissement ne se ferait pas longtemps attendre, si la situation des choses le réclamait. Il faut bien aussi tenir compte des travaux annoncés par d'autres constructeurs ; car, bien que ces derniers n'aient encore rien produit, et qu'ils n'aient figuré qu'à l'exposition, avec des machines fabriquées tout exprès pour elle, il est permis d'espérer qu'on les verra bientôt réaliser quelques-unes des promesses qu'ils ont faites depuis longtemps.

Les choses étant en cet état, on ne voit guère ce qui pourrait arrêter notre industrie dans son essor. La voilà, quant à la puissance de production, pour le moins égale à l'industrie anglaise. Ses machines sont aussi bonnes : elles seront meilleures quand elle aura le bon esprit de se contenter de celles qui se fabriquent en France, et qu'elle aura appris à les choisir. il est vrai qu'elle aura bien encore à essuyer dans ses débuts certains embarras, causés par l'inexpérience des fabricants autant que par l'inhabileté des ouvriers ; mais ces embarras ne seront ni aussi nombreux ni aussi graves qu'on l'imagine. La filature mécanique n'est pas, au fond, d'une pratique fort difficile ; les machines sont si bien entendues et si parfaites, qu'elles travaillent seules, pour ainsi dire, et ne demandent à l'homme qu'une surveillance et des soins peu compliqués. Quelques opérations en bien petit nombre exigent de la part de l'ouvrier une certaine dextérité qui ne s'acquiert que par l'habitude : tel est le rattachage des bouts lorsque le fil se rompt sur le métier à filer. Quelques autres demanderaient aussi de la part du fabricant des connaissances assez précises et une certaine expérience ; telle est celle, par exemple, qui consiste à déterminer l'espèce de fil qu'il convient de produire avec telle ou telle qualité de lin. Mais, outre que ces difficultés sont peu nombreuses, elles ne sont pas de nature à arrêter ni même à entraver sérieusement la marche du travail. Elles ne sont d'ailleurs que passagères, et disparaîtront bientôt avec le reste, pourvu que l'on ne tombe point dans le travers, car c'en est un, et nous en demandons pardon aux manufacturiers habiles auxquels ce reproche s'adresse, pourvu, disons-nous, qu'on ne tombe point dans le travers d'appeler à soi des ouvriers ou des contre-maîtres anglais.

Il faut le dire, en ce moment le plus grand obstacle aux progrès de notre filature mécanique est dans les préjugés de ceux qui l'entreprennent. Son plus grand ennemi, c'est cette sorte de déférence servile, nous voudrions pouvoir employer un autre mot, que nos fabricants ont conservée vis-à-vis de la classique Angleterre. Pour avoir emprunté à l'Angleterre leurs premiers moyens, ils se croient obligés de lui emprunter encore, de lui emprunter toujours. La plupart, nous ne disons pas tous, se tiennent à l'égard des Anglais dans la position d'écoliers à maîtres, et ne semblent ambitionner d'autre genre de mérite que de répéter fidèlement leurs leçons ; ils ne se croient habiles qu'à les imiter et à les suivre ; ils n'osent encore agir et juger que par eux : disposition qui s'explique, quand on considère que notre entrée dans la carrière est toute récente ; disposition fâcheuse toutefois, et qui menacerait, en se prolongeant, de retenir notre industrie dans une éternelle enfance. Il faut que nos fabricants se persuadent qu'ils n'ont plus rien à demander à l'Angleterre, et qu'ils aient la hardiesse de s'affranchir de sa tutelle. Il est bon sans doute qu'ils l'observent encore de loin, afin de profiter de ses progrès, s'il lui arrive d'en faire ; mais, hors de là, il faut qu'ils apprennent à marcher seuls et à se servir à leur manière des découvertes déjà faites. Ils le peuvent, et ils le doivent : là est la garantie de l'avenir. Qu'ils cessent de demander à l'Angleterre leurs machines ; car la France les leur offre maintenant à des conditions meilleures, et ils ne feraient, en allant les chercher si loin, qu'acheter fort cher, à travers des lenteurs et des ennuis sans fin, le triste privilège de faire de mauvais choix. Qu'ils laissent à l'Angleterre ses ouvriers et ses contre-maîtres ; ils ne feraient, en les appelant chez eux, qu'y introduire le gaspillage et la routine : le gaspillage, car il règne toujours, sous une forme ou sous une autre, là où ce n'est pas l'œil du maître qui dirige ; la routine, car, outre que les ouvriers ainsi débauchés à leur pays ne sont pas toujours les meilleurs, une fois transplantés sur une terre étrangère, ils s'immobilisent, pour ainsi dire, dans les pratiques qu'ils ont observées chez eux ; ils ne s'en écartent plus, de peur de s'égarer ; bien mieux, ils s'y renferment volontairement et s'y obstinent, avec d'autant plus de raison qu'ils n'ont été choisis que comme les dépositaires de ces pratiques, et que leur autorité cesse dès qu'on les abandonne. De tels hommes peuvent bien encore oublier, mais ils n'acquièrent plus rien ; et ce qui rend surtout leur intervention funeste, c'est qu'ils détournent le maître des soins qu'il devrait prendre, en même temps qu'ils deviennent les ennemis naturels de tout ce qui s'agite autour d'eux pour le progrès. Que nos fabricants aient donc le courage de se passer de ce dangereux secours ; qu'ils entreprennent hardiment de diriger eux-mêmes, et cela, dès leur début. Il leur en coûtera peut-être quelques fautes ; mais ces fautes, qui seront moins graves qu'on ne suppose, seront bientôt réparées. Ils ne tarderont pas, soyez-en sûrs, à obtenir tout à la fois une direction meilleure dans l'ensemble et une plus grande économie dans les détails, et les fautes même qu'ils auront faites leur deviendront dans la suite une source d'utiles enseignements.

Ce n'est pas tout : il faut que nos fabricants se mettent dans l'esprit qu'ils ont dès à présent autant de droit que les Anglais eux-mêmes d'imaginer, de découvrir, de prendre l'initiative du perfectionnement et du progrès. Et pourquoi donc l'Angleterre en aurait-elle le privilège ? Il n'est pas vrai de dire, comme on l'a fait quelquefois, que nos filateurs doivent actuellement s'absorber dans le soin de former leurs ouvriers, et qu'ils n'auront de longtemps pas autre chose à faire. Cette excuse est tout au plus admissible pour ceux qui en sont encore à leurs premiers essais. Sans doute il faut un peu de temps pour que les ouvriers acquièrent toute la dextérité et toute l'habileté possibles dans le travail ; mais, en attendant que ces qualités leur viennent par la pratique, pourquoi donc le fabricant s'abstiendrait-il, tout en suivant les travaux d'un œil attentif, d'observer, d'imaginer et de créer ? Ce travail de surveillance n'exclut pas le travail de l'invention : tant s'en faut ; il en est, au contraire, le plus utile auxiliaire. C'est au milieu de cette surveillance quotidienne que les bonnes inspirations viennent à l'homme doué des qualités requises ; c'est là que, par une observation assidue, il reconnaît les vices des procédés, s'il en subsiste encore, et qu'en luttant contre eux, il en découvre le remède. Les filateurs anglais n'ont pas fait autrement. C'est en formant leurs ouvriers qu'ils ont perfectionné leur art ; les fautes commises, loin de les arrêter, leur sont venues en aide, et c'est au milieu de ces mêmes embarras dont on fait tant de bruit, qu'ils ont achevé toutes leurs conquêtes.

Jusqu'à ce qu'ils aient eux-mêmes perfectionné ou inventé, que nos filateurs sachent du moins apprécier les découvertes que d'autres ont faites à leur profit. Qu'ils n'attendent pas pour les adopter, ou du moins pour s'informer de leur valeur, que l'Angleterre les ait sanctionnées de son approbation en les leur dérobant. Vous avez passé le détroit pour entrer avec l'Angleterre en partage de ses inventions ; vous avez multiplié pour cela vos démarches et vos soins ; vous vous êtes résignés même à de pénibles sacrifices : c'était bien, et le pays tout entier ne peut qu'applaudir à votre courageuse résolution ; mais faut-il négliger pour cela les inventions qui sont propres au pays, qui sont sous votre main, à votre porte, et dont l'usage n'appartient qu'à vous seuls jusqu'à présent ?

Cette confiance en eux-mêmes et dans leurs propres forces, cette ardeur du progrès, ce juste sentiment d'appréciation qui fait estimer les choses à leur valeur, de quelque endroit qu'elles viennent, voilà ce qui manque surtout à nos fabricants pour les placer à la hauteur de leur tâche. Du jour où ils auront acquis ces qualités précieuses, il ne leur restera plus rien à envier à leurs rivaux.

Il ne faut pourtant pas se flatter que notre industrie linière puisse dès-lors soutenir une lutte corps à corps avec l'industrie anglaise. Les circonstances au milieu desquelles ces deux industries se meuvent sont trop différentes pour qu'un semblable rapprochement soit permis. A les considérer en elles-mêmes, comme nous venons de le faire, peut-être que leurs forces sont pareilles, puisque l'infériorité qui existe encore sur certains points est déjà compensée par une supériorité acquise sur quelques autres ; mais il n'en est plus ainsi quand on considère les faits extérieurs dont elles dépendent, et la situation respective des deux pays. Égales en puissance virtuelle, ces deux industries n'ont pas les mêmes facilités pour se produire ; elles ne trouvent pas les mêmes garanties dans les lois ; elles ont à lutter contre des obstacles d'un autre ordre, avec des ressources fort inégales pour les vaincre ; et, dans ce sens, on est obligé de reconnaître que tous les avantages sont pour les fabricants anglais, tous les désavantages contre les nôtres. Voilà pourquoi l'intervention du pouvoir est nécessaire. Nos industriels ont fait à peu près ce qui dépendait d'eux ; c'est maintenant au gouvernement de faire le reste.

C'est un fait constant, que toutes les matières que nos manufacturiers emploient, et tous les agents qu'ils font mouvoir, leur coûtent beaucoup plus cher qu'aux fabricants anglais : désavantage qu'ils peuvent attribuer encore plus à notre régime économique qu'à la situation propre et naturelle du pays. La différence ne porte pas sur tel ou tel objet en particulier, elle s'étend indistinctement sur tous : sur la matière première, le lin ; sur la machine à vapeur qui sert de moteur à l'établissement, et plus encore sur le charbon que cette machine consomme ; sur les machines que l'on emploie pour la filature et sur l'entretien de ces machines ; sur le fer dont on fait usage pour les divers besoins de la fabrique ; sur l'huile, le suif et l'éclairage, et enfin sur les capitaux. Une seule chose semble coûter moins en France qu'en Angleterre, c'est la main d'œuvre ; mais, outre que cet avantage n'est pas universel, et que dans certaines de nos provinces, qui sont les plus propres à la filature du lin, comme le département du Nord, par exemple, la main d'œuvre est au même prix que dans certaines parties de l'Angleterre où cette même filature est établie, on peut dire que cet avantage est déjà compensé par la différence considérable dans l'abondance et dans le prix des capitaux. Les autres causes d'infériorité restent donc sans dédommagement, et, pour en faire sentir la gravité, il nous suffira d'établir la comparaison sur quelques points principaux.

Nous avons déjà dit que le lin abonde en France, mais qu'il n'y est pas à bon marché. En effet, telle qualité commune de lin de Russie ressort pour les fabricants anglais à 90 francs les 100 kilog. rendus en Angleterre, tandis qu'elle coûte en France, sur les lieux même de production, 110 francs. Les étoupes de Russie, qualité analogue, reviennent aux Anglais à 47 fr. 50 c., et les nôtres coûtent 65 francs. Même différence pour les chanvres. On pourrait dire à cela : Pourquoi nos fabricants ne se servent-ils pas aussi des lins russes ? Mais les droits à l'importation sont en France de 5 francs 50 centimes pour les lins teillés et les étoupes, et de 16 francs 50 centimes pour les lins peignés, tandis qu'en Angleterre, pour les lins bruts, les étoupes, les lins teillés et peignés, il n'existe qu'un droit insignifiant de 21 centimes. Les Anglais ont d'ailleurs sur nous le grand avantage d'avoir avec la Russie des relations régulières dès longtemps établies ; en outre, notre navigation est beaucoup plus chère que la leur, ce qui n'est pas d'un médiocre intérêt pour une marchandise d'encombrement comme le lin, et surtout les étoupes. Ajoutez à cela que nos établissements ne sont pas généralement situés à la côte, comme le sont la plupart des établissements anglais, et qu'ils ne pourraient s'y mettre en grand nombre sans s'exposer à des inconvénients d'un autre ordre qu'il serait trop long d'énumérer. Presque toutes les filatures anglaises sont proches de la mer, et celles même qui en sont éloignées ont avec elle des communications faciles, qui manquent généralement aux nôtres.

On sait que les machines à vapeur coûtent plus cher en France qu'en Angleterre, et il serait inutile d'en exposer les raisons. Toutefois cette différence se ferait peu sentir, si ce n'était le prix énorme du charbon. En Angleterre, le prix du charbon varie, selon les localités, de 60 à 150 centimes l'hectolitre ; mais pour les filatures de lin les prix sont généralement les plus bas, car la plupart sont établies sur les lieux même d'extraction. Ainsi la ville de Leeds, qui compte cent cinq filatures, est assise sur un bassin houiller d'une incomparable richesse. Plusieurs puits d'extraction sont ouverts dans l'intérieur même de la ville, quelques-uns jusque dans la cour des établissements manufacturiers. A Dumfries, les filateurs ne paient la houille qu'à raison de 60 c. l'hectolitre. Elle est plus chère à Dundee ; mais elle ne revient encore qu'à 1 fr. 10 c. l'hectolitre de 100 kilog. En établissant donc une moyenne de 80 centimes, on est plutôt au-dessus qu'au-dessous du prix réel. En France, ce prix varie de 2 à 4 francs l'hectolitre, et va même au-delà. Ainsi, pour citer des exemples, MM. Malo et Dickson, de Dunkerque, dont l'établissement est situé à la côte, et qui profitent de cet avantage pour tirer leur charbon d'Angleterre et d'Écosse, ne l'obtiennent qu'à 2 francs 50 centimes l'hectolitre, en comptant les frais de transport et les droits. M. Scrive, de Lille, le paie, malgré le voisinage des mines d'Anzin et de Mons, à raison de 2 francs 25 centimes l'hectolitre *ras* de 80 kilog., ce qui le porte à 2 francs 80 centimes pour l'hectolitre plein de 100 kilog. comme à Dundee. Le charbon coûte 3 francs ou 3 francs 10 centimes l'hectolitre à Abbeville, autant à Essonne, dans l'établissement de M. Feray, et dans certains autres lieux bien davantage. Nous ne portons cependant la moyenne qu'à 2 francs 80 centimes. C'est donc trois fois et demi le prix anglais. Or, dans une filature de 3,000 broches, par exemple, il se consomme 36 hectolitres de charbon par jour. C'est donc pour l'année entière, en comptant 300 jours de travail, une consommation de 10,800 hectolitres, lesquels ne coûteront en Angleterre que 8,640 francs, et en France 30,240 francs. Il est bon de remarquer, d'ailleurs, que cette dépense de 30,240 francs en combustible forme, dans l'établissement que nous avons pris pour exemple, plus du cinquième de la dépense totale.

On dit encore à cela : Que ne vous servez-vous des cours d'eau ? C'est une objection qui a été faite dans l'enquête de 1838, et nous sommes étonné qu'on n'y ait point répondu. Il nous semble pourtant que la réponse était facile. A la vérité, les cours d'eau ne manquent pas en France ; mais ils ne sont pas à la disposition de tout le monde, et pour s'en assurer la possession, il faut ordinairement passer par des formalités de tous les genres, se plier à des démarches fatigantes et subir d'interminables lenteurs. C'est bien assez des lenteurs inhérentes à toutes les fondations, sans y en ajouter encore de cette espèce. Les cours d'eau ont d'ailleurs le grand inconvénient de n'avoir pas une puissance régulière et uniforme. Si quelques-uns peuvent marcher dans tous les temps, d'autres, en plus grand nombre, subissent l'influence des saisons. L'eau y surabonde en hiver et manque en été. Dans le premier cas, il y a excès de puissance, et dans l'autre, défaut. Aussi, en tenant compte des exceptions, on peut dire qu'en général les cours d'eau conviennent beaucoup mieux aux usines dont le travail souffre des intermittences, qu'aux établissements qui demandent, comme les filatures, de lin, un travail régulier et constant. Mais ce n'est peut-être pas encore là leur plus grand tort. Ce qui diminue singulière-ment leur valeur, c'est qu'ils ne peuvent pas se déplacer à volonté. Le manufacturier qui adopte la machine à vapeur comme force motrice, la transporte où il lui plaît. Il consulte alors tout à la fois ses convenances personnelles et les convenances locales. Il peut choisir un lieu où il trouvera des mécaniciens pour réparer ses ma-chines, et des ouvriers pour les conduire ; un lieu où la matière première abonde, et où de nombreux débouchés s'ouvrent pour ses produits. S'il veut se servir d'un cours d'eau, il faut qu'il le prenne où il le trouve. Peu importe que le lieu soit sauvage, inhabité, que les moyens de communication y soient rares et difficiles, que la matière première y manque, que les débouchés soient éloignés, il n'y a pas à choisir, le cours d'eau est là et ne se déplacera point. Voilà ce qui rend cette force, d'ailleurs précieuse d'un usage moins étendu qu'on ne le pense. Dans certaines localités, les cours d'eau sont nombreux et abondants ; mais tout le reste manque pour la réussite, des établissements manufacturiers. Ailleurs, toutes les cir-constances sont favorables, et on ne trouve plus de cours d'eau. Le département du Nord en offre un remarquable exemple. Nul autre n'est aussi favorable pour l'établissement des filatures de lin, et, ce qui le prouve, c'est que nos anciennes filatures s'y pressaient en plus grand nombre qu'ailleurs. Eh bien ! ce département, pays plat, n'est pas riche en cours d'eau. Ils y sont rares et d'une médiocre force, et le petit nombre de ceux qui seraient capables de servir sont occu-pés depuis longtemps. Dira-t-on par hasard qu'il ne faut pas qu'il s'établisse de filatures mécaniques de ce côté ? On ne l'oserait pas. Sans nier donc les avantages bien réels que les cours d'eau peuvent offrir dans certains cas particuliers, nous croyons qu'on se trompe gravement en les comptant comme une ressource générale. Malgré le haut prix du charbon, on peut être assuré que la plupart de nos manufacturiers seront encore forcés de se servir de la vapeur. Ils subiront donc malgré eux tous les inconvénients de la cherté.

Le fer, cette matière si nécessaire à toutes les industries, qui s'emploie dans les manufactures pour tant d'usages et sous tant de formes, le fer est encore grevé à l'importation en France d'un droit de 80 pour 100. En comptant les frais de transport, il est de 100 pour 100 plus cher qu'en Angleterre : nouvelle cause d'infériorité pour nous.

Grâce à cette cherté du fer et du charbon, on comprend qu'il est impossible à nos mécaniciens, quelle que soit d'ailleurs leur habileté, de lutter avec les mécaniciens anglais quant aux prix. Pour eux, d'ailleurs, il n'y a point d'avantage à espérer sur la main d'œuvre ; car, à Paris, les ouvriers mécaniciens sont payés exactement sur le même pied qu'à Leeds. La différence du coût de la matière qu'ils emploient et du charbon qu'ils consomment, retombe donc de tout son poids sur le prix des machines ; et ce n'est pas estimer trop haut le surcroît que de le porter à 30 ou 35 pour 100 [11]. Il faut donc, quels que soient les progrès que nous puissions faire, s'attendre à une différence assez constante de 30 pour 100 sur les machines dont nos filateurs se serviront. Cette différence serait bien plus considérable si, remontant vers le passé, on tenait compte du prix des machines qui ont été extraites d'Angleterre ; mais nous avons déjà dit que c'étaient là des sacrifices passagers, qui ne sont d'aucune considération pour l'avenir.

Nous n'insisterons pas sur les autres dépenses d'un ordre plus secondaire. On trouverait presque partout les mêmes différences à remarquer. C'est ainsi que, pour l'éclairage au gaz, généralement usité dans les filatures anglaises, et qui commence à se répandre en France, nos fabricants sont encore surchargés, à ce point que le gaz, qui ne coûte, à Leeds, que 4 francs les 1,000 pieds cubes, revient, à Lille, à 12 francs.

Pour couvrir tant de désavantages, quels sont les droits protec-

98

teurs que notre législation actuelle assure ? Les voici. Dans le tarif, qui date d'une autre époque, il existe une distinction assez marquée entre les fils d'étoupe et les fils de lin. Les premiers ne sont chargés à l'importation que d'un droit de 14 francs les 100 kilog., les autres paient un droit de 24 francs. Cependant la difficulté, ou, pour mieux dire, l'impossibilité qu'il y avait pour la douane à distinguer désormais les fils d'étoupe d'avec les fils de lin, a forcé de modifier l'application de la loi. La distinction a disparu en fait, en attendant qu'elle ait été supprimée en droit ; mais ce n'est pas à l'avantage de nos filateurs. Au lieu de percevoir le droit de 24 francs sur tous les fils indistinctement, ce qui semblait naturel, puisque tous avaient désormais acquis la valeur supérieure des fils de lin, on a pris le parti de considérer comme provenant des étoupes tous les fils du n° 30 anglais et au-dessous, et de ne percevoir le droit de 24 francs que sur les numéros plus élevés. Ainsi, par le fait, le droit est maintenant de 14 fr. les 100 kilog. pour tous les fils, jusqu'au n° 30 anglais, c'est-à-dire pour les qualités communes qui sont d'un usage plus général ; il est de 24 francs pour les qualités plus hautes.

Comme le prix du fil augmente à mesure que le numéro s'élève, il est difficile d'établir exactement la proportion de ces droits fixes avec la valeur des produits. On peut dire cependant que, dans la première catégorie, le droit de 14 francs ressort pour les numéros les plus bas à 5 ou 6 pour 100, et pour les numéros les plus élevés à 2 et demi. Pour la seconde catégorie, celle pour laquelle le droit de 24 francs est maintenu, le rapport est à peu près le même, en ne tenant compte que des numéros 30 à 60 ; mais au-dessus la proportion diminue sensiblement. Si l'on passe le n° 100, l'importance du droit devient tout-à-fait insignifiante.

C'est sous l'abri de cette misérable protection que notre filature mécanique, qui date à peine d'hier, est forcée de lutter, au milieu de tant d'obstacles qui l'entourent, avec tant de charges qui l'accablent, contre une industrie déjà vieille et qui prospère depuis longtemps. Evidemment, la position n'est pas tenable. Quand on ne considérerait que l'aggravation permanente des frais qu'elle supporte, ce serait déjà trop pour l'écraser ; mais encore faut-il après tout lui tenir compte des embarras de ses débuts. Nous avons fait bon marché de ces embarras, en tant qu'on voudrait y voir un obstacle à sa marche ; mais ils ne lui créent pas moins un désavantage relatif qui

Charles Coquelin

n'est pas encore près de s'effacer. Les ouvriers se rendront habiles sans que les Anglais s'en mêlent ; mais ils ne le sont pas encore et ne le deviendront qu'avec le temps. Les maîtres acquerront s'ils le veulent, et sans leçons, l'expérience et les connaissances requises, mais ils ne les posséderont qu'après les avoir payées par quelques fautes et d'assez longues tribulations. Nous avons passé sous silence la différence énorme qui existe entre la France et l'Angleterre quant à l'abondance et au prix des capitaux, parce que nous supposons cette différence compensée par celle du prix de la main d'œuvre : mais, en laissant à part ce qui tient à la situation relative des deux pays, la filature anglaise possède en propre des capitaux accumulés durant quinze années d'une prospérité croissante. Et quel avantage n'est-ce pas pour elle d'avoir depuis long temps couvert tous les frais de premier établissement, et de se trouver encore maîtresse de tant de capitaux acquis, à l'aide desquels elle multiplie ses moyens, économise ses frais, double sa puissance, étend son influence partout, renverse les obstacles, et force, quand il le faut, les voies même de la consommation ? Il ne faut pas oublier non plus ses relations déjà formées, ses débouchés établis avec art et de longue main, non plus que son organisation toute faite, aussi bien que celle des industries secondaires qui s'y rapportent. Et ce dernier point est important ; car c'est le malheur de toute industrie naissante, que rien dans le pays n'est préparé pour son usage et qu'il faut tout créer. Ainsi, aux causes permanentes d'infériorité, il s'en joint d'autres transitoires, qu'il serait injuste d'oublier. N'est-ce pas assez de tout cela pour justifier les plaintes et les réclamations que nos industriels ont fait entendre ? Que faut-il de plus pour que la sollicitude du pouvoir s'éveille ?

Il faut le reconnaître, le gouvernement n'est pas resté absolument sourd à la voix des réclamants ; mais, à côté de la sympathie qu'il leur a manifestée quelquefois, il y a lieu de s'étonner de la froideur qu'il a montrée en d'autres temps, et surtout de sa lenteur à résoudre, quand tous les faits sont éclaircis.

Dès l'année 1833, les faits produits fixèrent l'attention du ministre du commerce ; dans un voyage qu'il fit à Lille et en Angleterre, il s'informa soigneusement de tout ce qui avait rapport à la fabrication et au commerce des fils de lin, et il jugea que cet objet avait assez d'importance pour que les conseils généraux de l'agriculture, des fabriques et du commerce, qui s'assemblaient alors, eussent à s'en occuper. Le conseil-général du commerce pensa qu'il n'y avait rien à faire, celui des manufactures nomma une commission dont l'avis fut de porter de 24 à 100 francs le droit sur le fil de lin ; mais le conseil se borna à voter le doublement du droit. C'est d'après ce vote que le gouvernement présenta, le 4 février 1834, un projet de loi qui portait à 50 francs le droit sur les fils simples écrus. La commission de la chambre des députés adopta le principe de ce projet. Il semblait donc que dès cette époque, où le danger était moins pressant qu'aujourd'hui, une mesure allait être prise et une augmentation quelconque votée ; mais des discussions s'étant élevées sur la quotité du droit, et la commission ne se trouvant pas encore en mesure de faire une révision analogue du tarif des toiles, le projet ne fut pas discuté par les chambres, et le gouvernement ne le reproduisit plus.

Dans la suite, le mal s'étant accru, on fut contraint de s'en occuper de nouveau. Dans le mois de décembre 183, les conseils-généraux de l'agriculture, des fabriques et du commerce, furent, pour la seconde fois, saisis de cet objet, et ils votèrent, les deux premiers, pour une augmentation, et le dernier pour un plus ample informé. En même temps de nombreuses pétitions adressées aux deux chambres, au nom de l'agriculture en souffrance, des populations de l'ouest qui vivent du filage à la main, des industriels qui avaient entrepris la filature mécanique et des diverses sortes de tisserands, attiraient l'attention de la législature, et accusaient l'inertie du gouvernement. Ces pétitions furent rapportées ; mais alors des résistances s'élevèrent de la part d'un grand nombre d'intérêts, tels que ceux des vignicoles du midi, de la fabrique de Lyon, des commerçants en fils et en toiles étrangères, et une lutte s'engagea. C'est pour éviter une discussion qui lui semblait intempestive, et qui n'aurait pas eu de bases certaines, que M. le ministre du commerce demanda et obtint qu'on lui confiât d'abord le soin de constater les faits, et d'élaborer la question par une enquête préalable. Toutes les pétitions lui furent donc renvoyées par les deux chambres, et, conformément à l'engagement qu'il avait pris, le ministre du commerce rendit, le 28 mai 1838, un arrêté qui instituait, au sein du conseil supérieur du commerce, un comité chargé d'entendre tous les intérêts et de présenter au conseil le résultat de son travail.

Charles Coquelin

L'enquête, commencée à la fin du mois de mai, se poursuivit dans le courant du mois de juin.

Le rapport de la commission fut présenté bientôt après, et conclut, comme on devait s'y attendre, à une augmentation de droit, d'ailleurs insuffisante. Une seconde fois donc la discussion paraissait arrivée à son terme : les faits étaient éclaircis, il n'y avait plus qu'à résoudre, et, si l'on en croit certains rapports, une mesure allait être prise ; une ordonnance était prête, qui allait, tant bien que mal, donner satisfaction à tant d'intérêts qui souffraient, lorsque, par une fatalité inexplicable, l'Angleterre intervint à son tour. Sous le prétexte de régler avec la France les bases d'une convention commerciale, et, dans le fond, afin de suspendre et d'arrêter l'effet de la mesure projetée, elle envoya des commissaires ; des conférences furent ouvertes, et, par suite de ce nouvel incident, la mesure attendue et promise fut indéfiniment ajournée. Aujourd'hui les choses en sont encore au même état, en sorte que, malgré tant de discussions mûres, malgré l'enquête et le rapport qui l'a suivie, malgré les promesses tant de fois renouvelées, on n'a pu parvenir à rendre une décision dont l'urgence a été reconnue depuis cinq ans.

Ce système d'atermoiements sans fin, que l'on applique à tout, dont tous les pouvoirs se rendent complices, et qui semble tourner en habitude, a quelque chose de déplorable et de fatal. C'est par là que les meilleures entreprises avortent, que toutes les plaies s'enveniment, et que des perturbations, d'abord légères, se changent en maux irrémédiables.

Il faut rendre justice aux talents et à l'impartialité de ceux qui ont dirigé l'enquête ; ils n'ont rien négligé pour mettre toutes les vérités en lumière. Le procès-verbal de leurs travaux est un document précieux ; nous n'en connaissons pas un en ce genre qui soit à la fois plus clair et plus satisfaisant. On peut le citer comme un exemple, en France surtout, où l'on n'a pas assez l'habitude de ces sortes d'investigations. Le rapport de la sous-commisson d'enquête est lui-même un beau travail, exact, clair, substantiel et concis ; mais pourquoi faut-il que tout cela n'aboutisse à rien, et que tant de soins ne servent qu'à mettre inutilement à découvert toutes nos plaies ?

En reconnaissant ce qu'il y a de mérite réel dans le rapport de la sous-commission d'enquête, il nous est impossible, toutefois, d'en adopter les conclusions. Après avoir reconnu l'état de choses, tel à peu près que nous l'avons présenté nous-même, que propose-t-on ?

D'abord, la commission demande que l'on supprime le droit de 15 p. 100 à l'importation des machines. En cela, il nous semble qu'elle s'est complètement égarée. Sans doute, les membres de la commission ont été frappés, comme nous, de ce fait étrange que, dans un temps où les modèles des machines anglaises n'existaient pas en France, où il y avait tant d'intérêt pour nous à les obtenir, nos tarifs semblaient les repousser, favorisant ainsi, contre nous-mêmes, la politique de nos rivaux, qui en défendait sévèrement l'exportation. Ils ont pensé avec raison que, loin d'aggraver alors les frais énormes que l'importation entraînait, il eût fallu récompenser, payer ceux qui en avaient couru les risques. Mise en pratique dans ce temps-là, cette suppression des droits que la commission propose eût été convenable et juste, bien qu'insuffisante pour son objet ; mais aujourd'hui elle manquerait son but, et serait, à d'autres égards, d'un effet désastreux. Il ne s'agit plus pour nous d'obtenir les modèles des machines anglaises, puisque nous les possédons. Nous n'avons plus besoin d'arracher à l'Angleterre ses secrets, puisque ces secrets sont connus, non-seulement dans quelques fabriques, mais dans les ateliers de construction. A quoi tendrait donc maintenant la suppression du droit ? Elle n'aurait plus pour but de nous faire obtenir des modèles désormais inutiles, mais de faire des machines anglaises l'objet d'une importation courante. Entendue de cette façon, elle serait aussi impolitique qu'injuste. Tant que l'Angleterre maintiendrait aussi sévèrement qu'elle le fait aujourd'hui la défense d'exporter les machines, la mesure proposée ne serait qu'illusoire, et on le comprendra sans peine ; mais elle serait d'une révoltante injustice du jour où elle sortirait son effet. Ne serait-ce pas violer à l'égard de nos constructeurs tous les principes de l'équité, que de les exposer sans protection à la concurrence anglaise, alors qu'ils ont à payer d'énormes droits sur tous les matériaux dont ils se servent ? Mais la commission n'a pas vu, nous en sommes sûr, les dernières conséquences de la mesure qu'elle propose. Cette mesure ne tendrait à rien moins qu'à mettre le sort de notre industrie à la discrétion du bureau du commerce établi à Londres. On sait que

Charles Coquelin

ce bureau a le pouvoir d'autoriser ou de défendre l'exportation des machines à son gré. Eh bien ! si tout droit à l'importation était supprimé en France, ce bureau, muni d'un tel pouvoir, pourrait tour à tour, selon les cas, permettre l'exportation pour ruiner nos constructeurs, ou la défendre pour ruiner nos fabriques. Il tiendrait les écluses, qu'on nous pardonne le mot, et serait maître de nous faire périr à son gré par la sécheresse ou par l'inondation. Une telle situation n'est évidemment pas acceptable aussi croyons-nous que l'erreur de la commission n'aura besoin que d'être signalée. Quant à l'abus dont elle s'est préoccupée avec raison, c'est par d'autres moyens qu'on peut le corriger. Il ne faut pas régler des cas exceptionnels par des mesures générales. Si la commission désire, et à cet égard nous sommes de son avis, qu'à l'avenir les importateurs soient exempts de droits dans les circonstances semblables à celles où nous nous sommes trouvés, qu'elle propose l'établissement en France d'un bureau du commerce à l'instar de celui qui existe à Londres, et auquel appartiendrait le droit d'autoriser l'importation en franchise dans certains cas particuliers.

L'augmentation de droits que la commission propose sur les fils étrangers nous parait tout-à-fait insuffisante. En évaluant le droit actuel à 3 ou 4 p. 100 de la valeur, évaluation qui se rapporte assez bien à celle que nous avons faite nous-même, la commission juge qu'il faudrait le porter à 7 pour 100, en ayant soin toutefois de le graduer, de manière à ce qu'il demeure à peu près à ce même taux pour les différentes qualités de fils. Sur le principe de la graduation, nous n'avons rien à dire : il est d'une justesse incontestable, et nous le croyons universellement admis ; mais qui ne sera frappé de la faiblesse de ce droit, 7 pour 100, pour sauver une immense industrie menacée d'un grand péril, quand il n'y a pas dans le pays une industrie si futile, si ingrate, si misérable, qui ne jouisse d'une protection beaucoup plus forte ? Si nous avons réussi à exposer clairement l'état des choses, on a dû comprendre qu'une protection si mesquine n'atteindrait pas le but. Nous avons lieu de croire que la commission d'enquête a délibéré sous l'empire d'une illusion. A ceux qui, l'année dernière, réclamaient l'augmentation du droit, on disait, on répétait sans cesse : Voyez ce qui se passe, considérez tous ces établissements qui se forment, et ces projets en plus grand nombre, qui sont à la veille d'éclore ; tout cela ne témoigne-t-il pas contre la justice de vos plaintes et la valeur de vos réclamations ? Ce mouvement, qui se manifeste de toutes parts, n'est-il pas la meilleure preuve de la prospérité de votre industrie et de la bonne disposition de nos tarifs ? L'objection était forte alors, et la commission, qui l'a recueillie, s'est laissée visiblement influencer par elle. Mais les évènements se sont chargés d'y répondre. Si les membres de la commission ne sont pas maintenant désabusés, c'est que la situation présente ne leur est qu'imparfaitement connue. Le fait est que tous ces projets dont on se prévalait contre les réclamants sont encore aujourd'hui ce qu'ils étaient, des projets. Pas un n'est venu à terme, tant il est vrai que la protection promise était attendue, qu'on y comptait, et qu'elle était l'appui nécessaire des établissements à naître. Les délégués de l'industrie linière ont demandé, eux, un droit de 18 pour 100 sur les fils, et de 28 pour 100 sur les toiles ; et ce droit, dont nous n'avons pas le loisir de justifier le chiffre, ne nous paraît avoir rien d'exorbitant, rien qui excède la mesure d'une protection raisonnable et normale.

Il y a lieu de s'étonner vraiment de la rigueur avec laquelle on marchande à l'industrie linière une protection dont tant d'autres jouissent sans raison, et qu'elle peut réclamer à tant de titres. Nous ne répondrons pas à toutes les objections qu'on lui oppose ; ces objections n'ont pas en général une grande valeur. Disons seulement quelques mots à ses principaux adversaires.

Ce sont d'abord ceux qui craignent les représailles de l'Angleterre, ou qui voudraient voir nos relations avec elle s'étendre ; ce sont ensuite certains partisans indiscrets de la liberté commerciale, qui viennent jeter au travers de cette discussion leurs principes mal digérés. Aux premiers, nous répondrons que l'Angleterre n'a pas aujourd'hui de représailles à exercer ; que ses tarifs, combinés en vue de ses intérêts propres, ne sont guère susceptibles d'aggravation à notre égard, et qu'elle ne les aggraverait point sans se nuire à elle-même ; que, s'il est désirable, et nous le croyons aussi, que nos relations avec elle s'étendent, c'est à la condition que cette extension de rapports servira nos intérêts commet les siens ; que ce n'est pas, comme on l'a dit, par des sacrifices mutuels que les deux peuples doivent tendre à se rapprocher commercialement, mais en établissant, chose possible et même facile, un système d'échanges également avantageux à tous les deux ; qu'enfin on irait directement contre le but où l'on aspire, si l'on pouvait se résoudre à sacrifier, dans l'intérêt de ces relations, une industrie vitale. Aux partisans de la liberté commerciale, nous dirons qu'ils nous paraissent fort mal comprendre le principe même qu'ils invoquent. C'est un grand et beau principe que celui de la liberté commerciale, et nous espérons bien le voir triompher un jour ; mais ce n'est pas le moyen de préparer son triomphe que de l'invoquer sans cesse à contre-sens. La liberté est bonne de soi ; mais elle peut devenir funeste, quand on l'applique sans règle, et surtout quand elle arrive par exception. Au fait, est-ce la liberté qui règne aujourd'hui, ou le système protecteur ? Il s'agit de savoir si, dans un état de choses où tout se règle par la protection, où tout se place à son niveau, il est permis de choisir une industrie entre mille pour la livrer seule à toutes les chances d'un régime particulier ; si, lorsque la valeur de toutes les matières premières et de tous les agents du travail est altérée et grossie par le système en vigueur, il est permis de parler de liberté commerciale à nos manufactures. Ainsi entendue, la liberté ne serait qu'une fiction désastreuse et une cruelle dérision.

En industrie, comme ailleurs, la liberté demande l'égalité. Voulez-vous établir son règne, préparez-le par des mesures d'ensemble, lentes et graduées sans aucun doute, mais régulières et générales. La raison ne dit-elle pas, d'ailleurs, que si l'on veut affranchir successivement tous les genres de produits, c'est par les matières premières et les agents du travail qu'il faudra commencer ? Si la liberté doit être un jour la loi commune en France, et c'est à cette condition seulement qu'elle sera bonne, il est nécessaire, pour éviter les catastrophes, que toutes choses soient, autant que possible, ordonnées d'avance comme elle les ordonnerait elle-même. C'est pourquoi l'on doit s'appliquer à soutenir les industries qui réunissent, comme celle du lin, toutes les conditions naturelles de puissance et de durée, en abandonnant peu à peu celles qui n'ont pas de racines dans le pays.

Notes

1. Voyez la livraison du 1er juillet.
2. On remarquera que ces totaux comprennent, outre l'importation anglaise et belge, celle de tous les autres pays que nous

n'avons pas cru devoir mentionner.

3.   L'importation des toiles anglaises en 1838 est évaluée à 550,000 kil.

4.   Voir les documents annexés à l'enquête.

5.   Terme du pays qui s'emploie pour désigner un brin de fil.

6.   Dictionnaire du Commerce et des Marchandises, article Lille, par M. Hautrive (de Lille).

7.   M. André Koechlin, d'Alsace, qui entreprend aussi la construction des machines, a adopté le système à chaînes.

8.   Les modèles commandés par M. Decoster à la fin de 1836 n'arrivèrent à leur destination qu'à la fin de 1838.

9.   Enquête de 1838 ; séance du 26 juin. — Interrogatoire de M. Decoster

« D. Ainsi, il n'y aurait, entre vos prix et ceux des mécaniciens anglais, qu'une différence de 20 Pour 100 au plus ? — R. Pour le moment, mes prix dépassent de plus de 20 pour 100 ceux des Anglais, parce qu'il faut encore que je fasse venir certains petits articles de préparation, que le défaut de place m'empêche de confectionner, et à cause de la complication du mouvement que j'adopte dans mes préparations. Il faut, en outre, les monter, faire des frais de déplacement, et perdre du temps pour mettre en activité les machines sortant de mes ateliers. Mais, lorsque j'aurai formé quelques sujets capables au courant de cette besogne, et que je n'aurai plus, comme les constructeurs anglais, qu'à soigner la construction, je réduirai la différence excédant 20 pour 100 à zéro. Je le pourrai, quoique en France la fonte, le fer, l'acier, le charbon, soient plus chers, parce que mes ateliers seront montés, pour ce genre de fabrication, d'une manière plus spéciale que ceux qui existent en Angleterre même. Ce que je promets, je ne l'ajourne pas beaucoup : c'est dans cinq mois que je serai à même de le réaliser. »

Et en effet, cinq mois après, c'est-à-dire à l'ouverture de l'établissement de la rue Stanislas, ces promesses étaient largement réalisées ; mais M. Decoster n'avait pas dit qu'il emploierait à cet effet des moyens supérieurs, qui ne sont pas à la portée de tous.

10.   M. John Marshall, qui tient aujourd'hui le premier rang parmi les filateurs de Leeds, est le fils et le successeur de celui dont

nous parlons.

11.   La différence est moindre chez M. Decoster, comme on l'a vu ; mais c'est un résultat anormal, dû aux travaux particuliers de cet habile mécanicien, et qu'il ne faut pas généraliser. Nous avons sous les yeux les prix, courants publiés par MM. Schlumberger et Debergue ; ils marquent une différence beaucoup plus forte. Il est vrai que ces constructeurs n'ont encore livré de machines à aucun établissement ; mais, par cela même, ils ont dû établir leurs prix par la comparaison générale des frais.

ISBN : 978-1973929390

www.ingramcontent.com/pod-product-compliance
Lightning Source LLC
Chambersburg PA
CBHW051323220526
45468CB00004B/1468